ウィトゲンシュタイン『哲学探究』入門

中村 昇
Noboru Nakamura

教育評論社

はじめに

ウィトゲンシュタインの『哲学探究』（時に『探究』と略記）を、読者の方々と一緒に少しずつ読んでいきたい。『哲学探究』を、一人で読んでいくのはとても骨がおれる。最初は、とにかく何をいっているのか、さっぱりわからない。何が問題になっているのかが、そもそもわからないのだ。ウィトゲンシュタインは、いろいろなことを剃刀のような簡潔な文体で書きつづっていく。あまりにも凝縮されていてわからないところもあるし、それが誰の見解なのか（ウィトゲンシュタイン自身のものなのか、かれが批判する相手のものなのか）がわからないところもある。比喩だということはわかるが、何の比喩だかわからない。つまり比喩の役割を果たしていないところもある。あまりにもあたり前のことが書かれているようなところもあれば、ばかげたことにしか見えないところもある。一見したところ、全体的にたいへん錯綜しているといえるだろう。

わたしも大学のころから大学院にかけてかなり集中的に、そして今にいたるまで連続してずっと、この本を読んできた。最初のころは、何が書いてあるのかまるでわからない。「五里霧中」ということばの意味を体感するためだけの時間をじっとすごしていた。諦めずに、とにかくしつこく読んでいくと、ときどき霧がはれる。でもそれは、ほんの短いあいだだけで、またたくまに濃霧が周りをとりかこむ。うんざりしながら、この「わからない」というのをわかるためだけの状態を何年もつづけていた。

ところがある時、突如として『哲学探究』の文章の意味が、はっきりわかる瞬間がきた。本当に突然だった。霧が、それこそ雲散霧消し、その理由はわからないながら視界がぱっとひらけたのだ。ウィトゲンシュタインを読み始めてから何年たっていただろうか。十年弱かも知れない。もっとか。わたしの頭の都合（かなり粗雑）もあるから、長い方かも知れない。ただ、こうしてわかる時がくるものなのだと妙に感心した覚えがある。

「唯識三年倶舎（くしゃ）八年」というのは、『倶舎論』を八年かけて学べば、「唯識」は三年でわかる（だから唯識理解には合計十一年かかる）という意味らしいが、『哲学探究』も仏教（唯識思想）の深みに匹敵すると思ったりもした。

その体験をしてからは、ウィトゲンシュタインが書いたものであれば、何か内側からわかる感触があった。もちろん誤読の場合もある。ただ、それまでのように、とにかくわからないものだから、文章という屋敷の周りを塀の外側からのぞくといったような状態ではなくなっていた。『探究』を読んでいる時には、いつも屋敷のなかにいるのだ。いっている意味が一応わかった場合でも、いや、ウィトゲンシュタインであれば、こんなわかりやすい意味であるはずがないと、再び考えこむ時もあった。水圧に逆らって、さらに深海にもぐり、海底でウィトゲンシュタインにひょっこりであうことも何度もあった。

この哲学者の思考の癖のようなもの、かれ特有の考え方は、わかっているつもりだ。それを読者のみなさんに経験してもらうのが、本書のねらいだといっていい。『哲学探究』という本は、そこに書かれている体系や情報を手にするといったやり方からは、もっとも遠い本だ。ウィトゲンシュタインの思考の運動を体験するためだけの本なのである。だから、細かくじっくり読んでいかないと、その醍醐味は味わえない。

だからといって、本書は翻訳ではないので、一文一文つきあうわけではない。とはいえ、もしかすると一文一文に埋没してしまう可能性も充分ある。その頃合が難しいといえば難しいかも知れない。密着しすぎることもなく離れすぎることもなく、ゆっくり読んでいこうと思う。おつきあいいただければ幸いである。

そもそも『哲学探究』とは、どのような本なのだろうか。よく知られているように、生前刊行されたウィトゲンシュタインの哲学書は、『論理哲学論考』（一九二二年）だけだ。『哲学探究』は、死後二年たって一九五三年に出版された。ただ『確実性について』や『哲学的文法』などとは異なり、この本は、哲学者本人が生きている時に刊行しようとしていたものだ。だから、はっきりとウィトゲンシュタイン自身の意志が、それぞれの文に濃密に刻印されている。

この本は、第1節から第693節までの第一部と、その三分の一ほどの第二部からなる。ただし第二部は、第一部とは成立がはっきりちがうので、『探究』のなかに入れるべきではないという論者もいる。読んでみればわかるけれども、第一部と第二部とでは、あきらかに凝縮度がちがう。

『哲学探究』という本は、『論理哲学論考』を書いて、哲学のすべての問題は解決したと思ったウィトゲンシュタインが、その考えを改め、一九二九年に哲学に復帰してからの思索の結晶だといっていいだろう。ただ具体的には、『探究』の最初の部分は、一九三六年に書き始められ最終的に一九五〇年に書きあげられた。

『探究』の文章ができあがる過程は、大量の手書きメモを書き、それをもとにタイプ原稿をつくり、さらにその原稿を徹底的に推敲し整理していくというものだ。したがって、いくつかの中心になる問題を一歩いっぽ体系的に論じるというかたちにはなっていない。錯綜した多くの問題が、断片的につぎつぎと論じられていく。しかし、この断片は、細い線で、あるいは深く大きな流れによってつながっており、全体として複雑で豊饒な関係をかたちづくっている。

「序」では、ウィトゲンシュタイン自身、つぎのようにいっていた。

——この書物に盛られた哲学的な覚えがきは、いわば、これら長く錯綜した遍歴から生まれた一連の風景スケッチである。

同じ論点、あるいはほとんど同じ論点が、いつもあらたに異なった方向から述べられ、つねに新しい見取り図が描かれた。それらのうち数多くのものが書き損じであり、あるいは特徴のないものであって、才能のない絵描きのあらゆる欠点をそなえていた。これらのできそこないを捨てると、いくらかましなものが数枚残ったので、それらを整理し、刈りこみ、見てくれる人には、一枚の風景画に見えるようにした。——だから、この本は、文字どおり一冊のアルバムにすぎない。

多くのスケッチからなるアルバム。それが、『哲学探究』なのである。早速そのアルバムを一枚いちまいめくっていこう。

ウィトゲンシュタイン
『哲学探究』入門

もくじ

第一章 語の意味とは何か

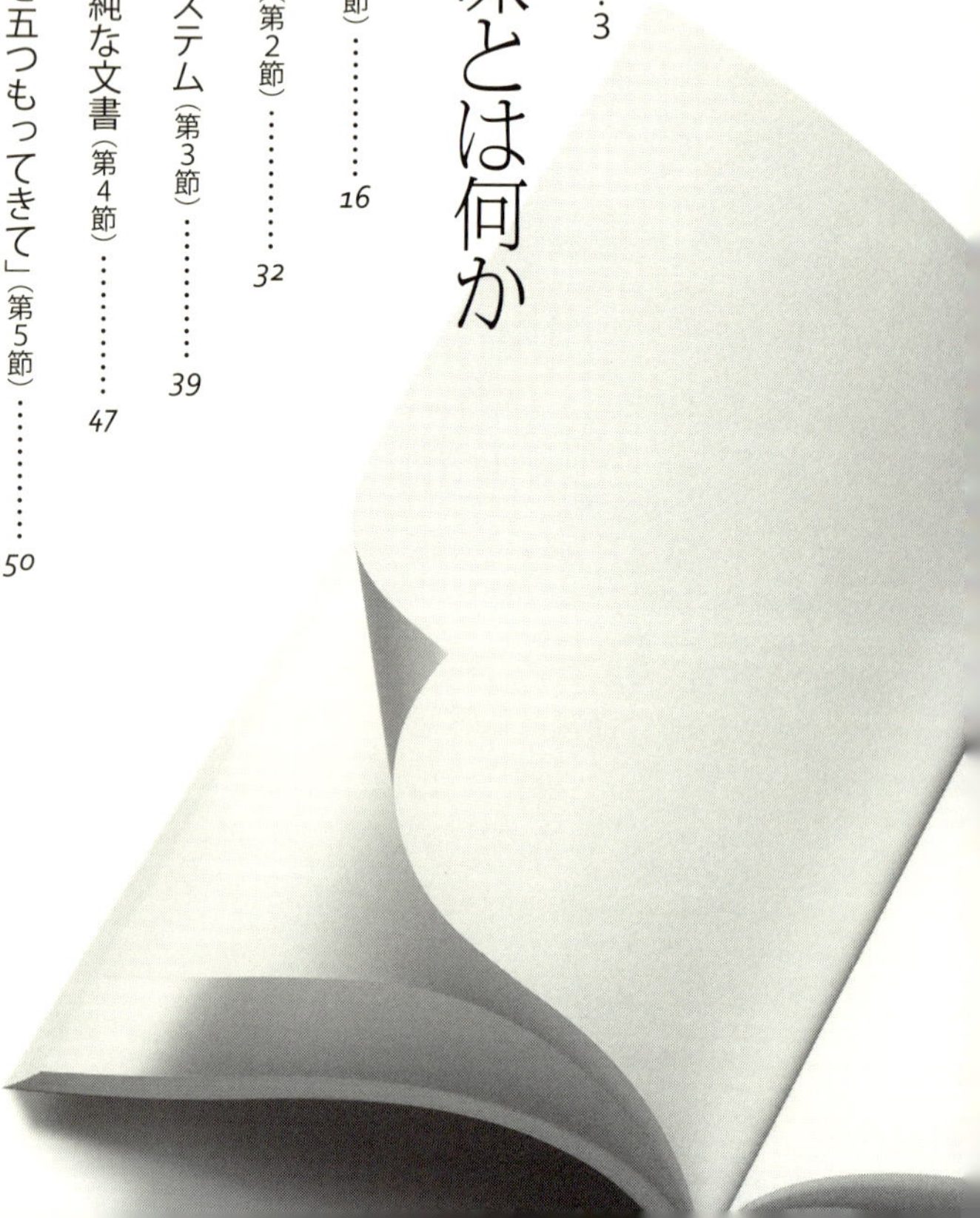

第二章 言語ゲーム

第三章 語の意味とは、その使用である

第四章 私的言語

装丁――花村　広

【凡例】

◎『哲学探究』のテキストは、以下のものを使用した。

Philosophische Untersuchungen, Suhrkamp Taschenbuch Wissenschaft 1977

Philosophical Investigations, The German text,with a revised English translation Third edition translated by G.E.M.Anscombe, Blackwell Publishing 2001

Philosophical Investigations, The German text,with an English traslation by G.E.M.Anscombe, P.M.S.Hacker and Joachim Schulte Revised 4th edition by P.M.S.Hacker and Joachim Schulte, Blackwell Publishing 2009

◎邦訳

『ウィトゲンシュタイン全集8　哲学探究』（藤本隆志訳、大修館書店、一九七六年）

『ウィトゲンシュタイン『哲学的探求』第1部読解』（黒崎宏訳・解説、産業図書、一九九四年）

『哲学探究』（丘沢静也訳、岩波書店、二〇一三年）

本書において引用するにあたり、三種類の翻訳を大いに利用させていただいた。地の文との兼ねあい、語句の好みなどにより変更させていただいた部分もある。『哲学探究』以外の引用にかんしても同様だ。訳者の方々に深甚なる謝意を表したい。なお『哲学探究』の引用箇所に挿入した番号は節番号である。

第一章 語の意味とは何か

一、語の種類（第1節）

第1節から見ていこう。『哲学探究』冒頭のこの節を改めて読んでみると、そこには驚くような豊饒さがあることに気づく。かなり強調したいい方をすれば、ここには『探究』全体が凝縮されているような印象さえ受ける。第1節は、アウグスティヌス『告白』の引用から始まる。これも意味深長な始まりといえなくもない。つまり、『哲学探究』という長編の初めに、ほかの人物、しかもウィトゲンシュタインが敬愛する哲学者の文章が置かれているからだ。これはどういうことだろうか。

ウィトゲンシュタインが引いた部分を、全文ここに書いてみよう。アウグスティヌスが、自らの幼年時代を回顧する場面だ。

人々があるものの名を呼び、そしてその声に応じて身体をそのものの方へ動かすのを見ました。そこでわたしは、かれらがあるものを示そうとする際に、そのあるものはかれらが発する音によって呼ばれることを記憶にとどめたのです。その人がそれを欲していることは、その身体の動きからあきらかでした。身体の所作は、いわばあらゆる民族に共通な自然言語で、物を乞うたり、入手したり、退けたり、逃避したりする際に、心の状態を示す表情、目つき、そのほかの手足の動きや声の調子などからなりたっています。このように、ことばがさまざまな脈絡のなかで自らに適した場をもっていることをたびたび聞いているうちに、わたしは徐々に（ことばという）記号と物との関連がつかめるようになり、口を記号にならし、その記号で自分の意思をあらわすようになりました。（『アウグスティヌス著作集　第5巻Ⅰ　告白録（上）』宮谷宣史訳、教文館、一九九三年、五十頁、地の文との兼ねあいなどにより適宜語句を修正した）

この引用は、このあとのウィトゲンシュタインの議論を読めばあきらかなように、もちろん批判するためのものである。ここで表現されている言語観が、間違った前提にたっているというわけだ。しかし、それだけのものにしてはあまりにも内容があふれすぎているのではないか。アウグスティヌスがここで回想しているのは、自らがことばを覚えた時のことである。ところが、子どもがことばを覚える、つまり言語習得の過程というのは、『哲学探究』において「ことばとはどのようなものなのか」という問題を考える、まさに現場であった。そこにこそ、ことばの本質が姿をあらわすと考えられていた。

ウィトゲンシュタインは、ことばを習得し終わった段階から、言語の本質を探るという方法はとらない。ことばが個人のなかでいったん獲得されると、あたかも最初から、ある特定の言語体系が完成された状態で存在したかのようにわれわれは思ってしまう。しかし、言語というのは、それを私たちが習得する際に、もっともそのあり方をあらわにする。言語活動というのは、つねに形成途上のものなのだ。だからこそウィトゲンシュタインは、言語ゲームのモデルとして言語習得の場面を重視した。

われわれは生まれてすぐ誕生記念に、親や周りの大人から、その共同体で使われていることばの文法書と単語帳をもらうわけではない。生まれたら、周りの母語使用者の会話や、こちらへの語りかけを自然と浴び、ことばを自分のものにしていく。そのルールも単語も何も知らないままに、ただゲームに参加するというわけだ。ルールもろとも体得していかなければならない。なぜ、このゲームに参加しているのか。なぜ、ことばを使わなくてはいけないのか。見通しも何もわからないままに、ゲームのプレイヤーとして生きていかなくてはならない、不思議なことに。

ところが、たとえば日本語をいったんマスターすると、あたかも日本語という体系が文法書に書かれている通りにあらかじめ存在し、語彙(ごい)も国語辞典のなかにぎっしりつまっていたかのように思ってしまう。外側にたって見通すことができる全体があるかのように思ってしまうのだ。そして言語習得と同様のダイナミズムが、われわれの日々の言語活動のなかにもあることを忘れてしまう。いつまでたっても、ある意味で、言語習得のプロセスをくりかえしているのを忘れてしまうのだ。文法書や国語辞典は、その時点でのあくまで仮の断面図にすぎない。ことばの動きを封印した、ただちに古びる地図のようなものだ。ルールはどんどんかわっていき、語彙はふえつづけ、死語は消えていく。多くの言語ゲームが生成消滅している。あくまでもわれわれは、幾重にも重なる生きた言語の内部において言語活動しているだけなのだ。

さらに、この引用では、身振りや顔の表情が強調されている。ウィトゲンシュタインのいう「言語ゲーム」は、言語だけのゲームではない。われわれが言語による活動をする際にかかわってくるさまざまな要素も、言語ゲームのなかにふくまれている。言語ゲームは、身振りや表情やさまざまな行為と言語との複合体なのだ。したがって、成人したのちに外国語を習得する時のような、ことばだけの純粋な経験ではない。言語と地続きの多くの夾雑物（きょうざつぶつ）（しかし、余計なものではない）が、本質的にかかわってくる。

アウグスティヌスがここでいう「自然言語」は、純粋言語につけくわわるものでも、その基礎となるものでもない。それは、ことばそのものとけっして分離することはできない。われわれはつねに総合的で複雑な体験をしているのであって、そこでは、目つきや声音、ためらいや決然とした表情など無数の要素が渾然といりみだれている。そのような錯綜したゲームにおいては、ことばの意味が、それだけで登場することなど金輪際ない。

「人々があるものの名を呼ぶ」という行為のうちには、呼ぶ人間の肉体が、その口が、声帯が、物質としての声が、空気の振動がかかわっている。それら、もろもろの偶然的なものによる状況が、具体的に存在しているだけだ。そしてその状況に巻きこまれている人が、「その声に応じて身体をそのものの方へ動かす」のであって、話し手からおくられた純粋な〈意味〉が、聞き手の精神にじかに伝わるわけではない。われわれに確認できるのは、ある身体と別の身体の動きが、音の介在によって呼応しているということだけ。このように、言語的ではない多くの要素によって、言語ゲームは進行していく。

こうした経験をくりかえすうちに、同じことばが登場するさまざまな場面が蓄積されていくのである。「ことばがさまざまな脈絡のなかで自らに適した場をもっていること」に何度もであううちに、その語の、いわば相貌を記憶していく。あくまでも「脈絡」「適した場」が最初にあるのであって、ことばが孤立してあらわれるわけではない。複数の人間、一定の状況によってかたちづくられる「脈絡」「適した場」のうちで、ことばは使用される。「同じ」語は、そのつど異なった表情を見せるのだ。ここにも、ウィトゲンシュタインの言語観の重要な一側面がかいま見えるといっていいだろう。

しかし、引用の最後の文「その記号で自分の意思をあらわすようになりました」というのは、どうだろうか。ここには、やっかいな「自分の意思」というものが登場する。振舞や表情によって織りなされていた言語ゲームの世界に、アウグスティヌスは、知覚できない「意思」を導入した。身振りや手足の動き、そして「脈絡」のなかで語を習得することを重視しながら、「記号で意思をあらわす」という。このことによって、この引用が、ウィトゲンシュタインの考えとおおむね重なっていたにもかかわらず、最終的にまったく逆の方向を示したといえるだろう。

身振りや表情、あるいは発話された文は、たしかに誰によっても確認できる。だからといって、それらの源が、同じように確認できるというわけではあるまい。つまり、特定の意思や心の状態が原因となって、身振りや文になったと考えるのは早計だ。われわれによってたしかめられるのは、あくまで知覚されるものであって、その背後を想定するのは、たんなる仮定にすぎない。ウィトゲンシュタインは、意思や心が存在しないといっているわけではない。しかし、それは身振りや振舞の領域から推測できるだけであって、それらの原因ではない。

したがって「自分の意思をあらわす」といういい方は、方向を間違っているといえるだろう。「自分の意思」なるものが、言語になる前にたしかに存在していて、それをそのままことばにするというわけではない。われわれの意思をあらわす「ことば」は、もともと限定されていて、その制限された領域で、まずかたちになる（なっている）しかない。ようするに、表現独自の世界があるのであり、それを支えることば以前の次元があるわけではない。言語や表現がなければ、そもそも「意思」はありえないといえるだろう。言語世界に特有の「文法」が支配しているのだ。

以上のように考えると、この引用は、その考察に必要な道具を過不足なく与えながら、言語習得の場面をつぶさに記述しているといえるだろう。ただし、ウィトゲンシュタインとは、根本的に異なる構図を下敷きにしながらではあるが。だからこそ、『探究』冒頭に挿入されるにとてもふさわしいといえる。

このようなふくみについて一言も触れずにウィトゲンシュタインは、つぎのようにつづけていく。

　これらのことばのうちには、人間の言語の本性にかんする特定のイメージが与えられている ように思われる。すなわち、言語にふくまれている一語一語が対象を名ざす――文章はそのよ うな名ざしの結合である――というのだ。――こうした言語像のうちに、われわれは、どの語 も一つの意味をもつ、という考えの根源を見る。この意味は語に結びつけられている。それは、 語が指示する対象なのだ。（1）

語とは、何であろうか。具体的には、音であり文字であろう。しかし、その音や文字は、ただの雑音やインクのしみとははっきり異なる。「机」と誰かがいい、日本語を知っている人がそれを聞けば、何がしかの反応がおこるだろう。もっともわかりやすい状況は、近くに実際の机があり、それに目がいく。なるほど、だから「机」といったのだ、となる。こうして、「机」という語は、机という物を指しているとわれわれは思う。「机」という音なり文字なりが、日本語を母語とするものにとっては、ほかの雑音やたんなる模様とちがうのは、そこに「意味」があるからと考えるのも自然の流れだろう。そして、その「意味」を目の前にある机に結びつけるのも、それほどおかしな考えではない。

このような「特定のイメージ」が、アウグスティヌスの文章のなかにあるという。たしかにその通りだろう。「あるものの名」というういい方自体、そのことを如実に示している。「もの」は名をもち、語は対象を名ざす、というわけだ。われわれのこの世界においては、ごくあたり前（だからといって、どの可能世界でも「あたり前」かどうかは疑問であるが）のことが、「語が意味をもつ」という考えのもとになっているとウィトゲンシュタインはいう。

しかしこのことは、ほんの少し考えれば、おかしいことがただちにわかる。たしかに、具体的なものを指しているかに見える「名詞」は、対象を名ざしているかも知れない。たとえば「机」「パソコン」「ボールペン」などなど。それでは、同じ名詞でも、「友情」や「概念」といった抽象的なものはどうだろうか。あるいは、「無限」や「神」はどうだろう。さらに、それ以外の品詞、動詞や形容詞、副詞や助動詞・助詞、あるいは接続詞はどうか。「しかし」や「さて」は、何かを名ざしているのか。すべての語は、指示する対象を具体的に指摘できるのだろうか。

ウィトゲンシュタインは、つづけてつぎのようにいう。

語の種類についてアウグスティヌスは語らない。言語の学習をこのように記述する人は、まず「机」「椅子」「パン」、それに人の名前といった名詞について考え、二番目に初めてある種の活動や性質の名について考え、そして残りの種類の語についてはなるようになる、と考えているのではないだろうか。（1）

あたり前のことだけれども、われわれの使用する言語は名詞だけでできているわけではない。ところが、いろいろの理由があるのだろうが、どうしてもこの世界を、私たちは「名詞的」に見てしまう。対象が固定されないと認識することが難しいからだろう。「こと」や「もの」によって世界が構成されていると考えてしまう。われわれが否応なく参加しているこの流動状態は、そんなわかりやすいブロックでくぎられてはいない。だがそんなことをいっていては、まともな生活はおぼつかない。だから、「こと」や「もの」といった名詞的な区画整理をするというわけだ。その時使うのが言語だろう。

しかしウィトゲンシュタインは、アウグスティヌスの引用をまともに受けとめるかのように、つぎのような話を始める。

今、つぎのような言語の使用例を考えてみよ。わたしが誰かを買物にやる。かれに「赤いリンゴ五つ」という記号の書いてある紙を渡す。かれがその紙を商人のところにもっていくと、商人は「リンゴ」という記号のついている引きだしをあけ、ついで表のなかから「赤い」という語を探しだし、それに対応している色の標本を見いだす。それから、かれは基数の系列――これをかれが諳んじていると仮定する――を「五」という語まで口にだし、それぞれの数を口にだすたびに、標本の色をもったリンゴを一つずつ引きだしからとりだす。(1)

この例は、あくまでもアウグスティヌスの言語観から出発しているのがわかるだろう。語とその対象が対応していることを前提していなければこういう事態は不可能である。登場人物は三人、「わたし」と「誰か」と「商人」だ。それはわかるが、この状況はあまりにも特異すぎてリアリティがない。そもそも「わたし」が「誰か」に買物に行くことを、どうやって指示したのか、さらに、「誰か」は、「商人」に買物に来たことをどうやって説明するのか、などわからないことだらけだからだ。だが、ウィトゲンシュタインは、もちろんそのことには触れない。

ウィトゲンシュタイン自身指摘した言語の学習の順序どおりに、「わたし」は、名詞「リンゴ」、つぎに形容詞「赤い」、そしてその他の「五つ」という三つの語を選ぶ。これはウィトゲンシュタインに特徴的な戦略である。批判するべき相手の考えを基盤にして、そこから、その出発点とはあきらかに異なるあらたな方向へと導く。語が対象を名ざすという「特定のイメージ」をあたかも認めたかのようなふりをし、いつのまにか自分自身の考えを提示する道をひそかにつくりだしていくのだ。

その前に引用符つきで、この例のおかしさを指摘する。

「しかし、この商人は、どこでどのようにして〈赤い〉という語をしらべ、〈五つ〉という語で何をやり始めたらいいのかを、どうして知っているのだろうか」（1）

ウィトゲンシュタインが引用符つきで書く場合、おおむね中立的な問題提起だと考えていい。自分自身の思考実験に対して、他者的な視点からひとこと楔（くさび）をうちこむ。ここでは、このような事例において、「赤い」や「リンゴ」は、指示対象が具体的だからさほど問題はないが（本当はそうではないのだが）、「赤い」や「五つ」といった抽象的な語にかんしては、そうはいかないだろう。どこにも指示するものはないからだ、という楔だろう。

「赤い」や「五つ」という語を、われわれはどのようにして獲得するのか。「赤い」という形容詞が指示するものは、この世界にはない。「美しい」や「すばらしい」が、この世界にそのものとして存在しないように存在してはいない。たしかに「赤いもの」は存在するだろう。しかし、「赤い」はない。だから、この商人が「赤い」という語をどう理解しているのか、見当もつかないのだ。「五つ」にかんしては、もっと抽象度が高いだろう。「赤い」の場合は、いろいろな種類の「赤いもの」は、たしかに存在している。その共通の性質として「赤い」を抽出することはとても難しいにしても。しかし、「五つ」は、どうだろうか。この語の場合は、どうしていいか、手がかりもない。

しかし、事実としてわれわれは、「赤い」や「五つ」という語を使っている。その語を理解しているかどうか、あるいは、正確にその語について説明できるかどうかとは別に日々使ってはいる、不思議なことに。だから、この引用符のなかの疑問文に対して、ウィトゲンシュタインは、つぎのように答える。

> いや、わたしは、わたしの述べたとおりにかれがふるまうと仮定しているのだ。解明はどこかで終わる。（1）

ウィトゲンシュタインは、ここで、この商人の振舞を仮定しているのであって、かれが「赤い」や「五つ」という語をどのように理解し、どのように習得したかは問題にしていないという。その振舞は、われわれがことばを使って日常的におこなっていることだ。その同じ行為を、この商人がおこなうと仮定しているだけだというのである。これはどういうことだろうか。われわれが言語活動している時、誰にでもはっきりわかるのは、その振舞だけである。だが、そのような振舞だけでは、言語を使用している人間が、語をどのように把握しているかはけっしてわからない。

もう一度この例を見てみよう。「赤いリンゴ五つ」という記号の書いてある紙片が手渡される。その紙片について、受けとる「誰か」が何を理解しているかは何も書かれていない。だから「買い物にやる」という事態にかなり違和感があるけれども、それは不問に付そう。とにかく紙片はそのまま運ばれる。商人はその紙片を見て、その紙片の「リンゴ」という語と、引きだしの「リンゴ」という記号が同じであることを確認し、その記号のついた引きだしをあける。同じように「赤い」という語も記号同士が同じであることを確認し標本を見つける。さらに「五」。なぜかこの商人は、基数を諳んじていて（これも不問に付そう）、一つずつ五までリンゴをとりだす。

このように改めて見てみると、「誰か」も「商人」も一切何も考えていない。記号が同じであることは、知覚によってたしかめられ、数はなぜか記憶している。これでは、人間でなくとも一向にかまわない。知覚でき同一であることを確認できさえすれば、ことはすすむ。そしてこの事例では、語と対象との関係ではなく、語と語との関係のみが問題なのだ。そのようなことが可能なのは、ここには登場しない四人目の誰かが、リンゴの入っている引きだしに「リンゴ」という記号を書き、色の標本もすでにつくってくれているからだ。

この使用例は、このように多くの背景が用意されていて初めて成立する。だから、ここにはアウグスティヌスが考える前提（語とその対象との対応）は、実はどこにも登場していない。それは、最初から背景になっているからだ。暗黙の前提である。こう考えると、この「使用」という語の意味合いに光があたるだろう。これは、あくまで「使用」の例なのであって、背景や土台は、初めから前提されているというわけである。

この事例は、語の意味は、その名ざす対象だという考えから出発した。ところが、いったんある言語ゲームのあり方を記述すると、語と対象との関係はどこにも登場せず、その振舞だけに着目しても状況は変わらない。語と対象との関係は、この言語ゲームが成立する背景をなしているからだ。アウグスティヌスと同じ前提にたって、一つの事例をつくる。しかし、その事例においては、振舞だけがたしかめられるものであり、もともとの前提は実は必要ではないことがわかった。

そして、不思議な一文「解明はどこかで終わる」がくる。アウグスティヌスの前提から出発しても、そのような前提から離れて言語活動をひたすら観察することから出発しても、それ以上はけっして解明できない「場」があり、そこではその言語活動に参加している人たちの振舞だけがある。たしかに、そこからはさまざまな仮定や想定はできるだろう。参加者の心のなかや、ことばの意味なるものについて、あるいは言語の本質などについて、いろいろな角度から議論はできるだろう。しかし、それはあくまで仮定や想定であって、何も解明したことにはならない。そんなことを無限につづけても、「解明」という名の絵空事に終わってしまう。だからこそ、「解明はどこかで終わる」のだ。

しかし、そうはいっても、あらゆる語には意味があるだろう。意味のない語を使って、われわれは日ごろやりとりしているわけではない。そこで、ウィトゲンシュタインの（自問自答の）対話者が、こうたずねる。

しかし、「五つ」という語の意味は何なのか。（1）

意味というものが存在していることを前提しているから、このような質問ができる。この例は、語とその対象とが対応していて、語の意味とは、その対象のことだというアウグスティヌスの考えから出発した。もちろん、この質問者もその考えにたっている。「リンゴ」や「赤い」であれば、その対象があるから、意味について悩まなくても済む。ところが、名ざす対象があきらかに存在しない「五つ」という語が登場した。そのような語をふくむにもかかわらず、言語ゲーム自身は、何の問題もなく進行している。これは、いったいどういうことなのか、という質問だ。

ウィトゲンシュタインは、この節全体の結論とでもいうべきことをいう。

そのようなことは、ここではまったく問題になっていなかった。どのように「五つ」という語が使われるか。これだけが問題だったのだ。(1)

われわれが言語ゲームに参加している時、使っている語の意味を考えるだろうか。誰もそんなことは考えない。ただ使っているだけだ。たしかにここでは、アウグスティヌス的な考えから出発した。しかし、実際に言語のあり方を調べてみると、われわれは、意味など考えずに語を使っている。たしかに「リンゴ」や「赤い」には、その対象が存在しているかも知れない。しかし、その語の使用には、それはかかわってはいない。語を使用するという場面では、「リンゴ」や「赤い」も、「五つ」と同じように使われるだけであり、それは、「やぶさか」や「ところが」や「れる」や「も」と同じなのだ。名詞以外の多くの語が、対象をもたずに、ただ使われていることを考えれば、語の意味はその対象だという考えが、あきらかにおかしいことがわかるだろう。

ここでウィトゲンシュタインは、具体的な名詞だけにあてはまる考えを無効にし、すべての語に共通するものを探り始めたといえるだろう。そこでもっとも注目すべきは、「ことばを使う」ということだと宣言したのだ。

二、建築家と助手（第2節）

ウィトゲンシュタインの言語観を予告するような豊かな内容の第1節を受けて、第2節では、意味についての規定から始まる。

意味という、かの哲学的な概念の故郷は、言語の働き方にかんする一つの原初的なイメージなのだ。しかし、それはわれわれの言語よりももっと原初的な言語のイメージだともいえる。

（2）

「意味という哲学的な概念」というういい方には、哲学という場面以外では問題にならない概念という皮肉な響きが聞きとれるだろう。日常では、とくに誰も気づかないのに、哲学者が、余計な問題をつくりあげているというわけだ。ウィトゲンシュタインが「哲学」という場合、いい意味と悪い意味の二つの意味がある。この場合は、あきらかに後者だろう。伝統的な形而上学がおちいっている陥穽（かんせい）があり、それは、ことばの「文法」による錯誤からきている。悪い意味の「哲学」は、今までそのような錯誤をもとに侃侃諤諤（かんかんがくがく）議論を始めてきた。それに対して、いい意味の「哲学」は、そのような錯誤を記述し指摘することだけをおこなう。言語批判としての「哲学」だ。これがウィトゲンシュタインの立場であることはいうまでもない。

われわれは、語には意味があると素朴に考える。そしてその意味を語が指している対象だと漠然と思う。ここには、ウィトゲンシュタインのいう「文法による錯誤」がある。この「錯誤」とはこういうことだ。「リンゴ」という語には、それに対応する実物のリンゴがある。「赤い」にも、そのまま対応するとはいえないにしても、「赤いもの」は多く存在しているだろう。そうであるならば、同じことばである「五つ」にも、何かが対応しているにちがいない。「リンゴ」「赤い」「五つ」は、いずれも同じことばなのだから。これが、もっとも初歩的な「文法による錯誤」である。ここでウィトゲンシュタインがいう「文法」とは、一般的にいわれているものとは、もちろんちがう。

語とわれわれのかかわり方は、かなり複雑だ。語は、言語という独自のシステムのなかで生きている。その自己完結した独自のシステムに入りこんで、われわれは思考したり行為したりしなければならない。その際「語の都合」のようなものに、つきあわなければならない。「リンゴ」「赤い」「五つ」によって表現されるものは、まったく異なったものなのに、言語における同じ語（たしかに品詞はちがうけれども）というものを使わざるをえない。異質なものを等質なもので表現せざるをえないということだ。同じ「リンゴ」でさえも、個々のリンゴはすべて異なったあり方をしているのに「リンゴ」というしか手はない。どうしても、このような大雑把な「語の都合」にわれわれはつきあわざるをえない。このような「語の都合」が「語の文法」の一面であるといえよう。

さて、本文に戻ろう。「意味という、かの哲学的な概念の故郷は、言語の働き方にかんする一つの原初的なイメージなのだ」というのは、どういうことだろうか。われわれが、意味は、われわれが言語を使う際の、その語と現実における対象との関係にかかわっているという「原初的なイメージ」をもっているというのは、たしかだろう。しかし、このような対象との関係（それがどのような関係であるかはわからない）は、ウィトゲンシュタインによれば、より原初的な言語のイメージにあらわれているという。どのようなことだろうか。

語と対象との関係が、その二項だけで直接対応しているのか、あるいは像のようなものを介してなのかはわからない。しかし、何らかのかかわりがあることは、わかるだろう。それが「原初的なイメージ」だ。しかし、この「原初的イメージ」がどこから来たのかといえば、もっと原初的な言語からだといえる。そうだとすれば、そのより原初的な言語について考察しなければならない。このイメージのもともとの出所を探ろうというわけだ。

その「より原初的な言語」というのが、これだ。

アウグスティヌスが記述したような一つの言語を考えてみよう。その言語は、建築家Aとそ

> の助手Bとの意思疎通に役だつものだ。Aは石材によって建築をおこなう。石材には台石、柱石、石板、梁石がある。BはAに石材を渡さなければならない。その順序は、Aがそれを必要とする順番だ。この目的のために二人は、「台石」「柱石」「石板」「梁石」という語からなる一つの言語を使う。Aはこれらの語を叫ぶ。――Bは、それらの叫びに応じて、もっていくよう教えられた石材をもっていく。――これを完全で原初的な言語と考えよ。(2)

ウィトゲンシュタインは、ここでまさに、言語についてのわれわれのイメージの起源を考えていく。われわれが言語の働きについて漠然とイメージする際のその大元を具体的に吟味しようとするのだ。そして、そのために想定する原初の言語は、われわれが今使っている複雑な言語とまったく同じように「完全な」言語なのである。つまり、未完成であったり萌芽的であったりはしないということだ。

この言語においては、Aが四つの語を叫ぶとBはその叫びに応じて、その石材をもっていく。そして、これだけが、この原初的な言語の働きだ。ここに、「意味」なるものを想定する必要があるだろうか。「叫ぶ――もっていく」という連関が成りたつのであれば、ことは済む。ある種の条件反射のようなものが成りたっていればいい。これが唯一の「意思疎通」(というのも誤解を生む語だが)で、それ以上は余計なことになるだろう。そして、これこそが、アウグスティヌスが考えていた言語観（語とその対象との一対一対応言語観）の原初の姿だ。この原初の言語には、「意味」など必要ない。

しかし、「叫ぶ——もっていく」という連関が成立するためには、やはり叫んだ語が、当の対象である石材を意味しなければならないのではないか。そうでなければ、その石材を選ぶことはできないだろう。すでに「意味」を前提しているはずだ。

果たしてそうだろうか。Aが「台石」と叫ぶ。Bがそれをもってくる。問題は、「それを」だろう。なぜそれが「台石」だとわかるのか。もちろんそれは、「それらの叫びに応じて、もっていくよう教えられた通りの石材をもっていく」のだから、「教えられた」という行為がそれ以前にあったからだ。では、この「教えられる」とは、どのようなことなのか。この言語は、「台石」「柱石」「石板」「梁石」という四つの名詞だけでできあがっている「完全な」言語なのだから、ほかの語を使うことはできない。

したがって、この教示は、たとえば対象を指さして、その語をくりかえし発話するといったものになるだろう。しかし、このような教示が役にたつだろうか。誰かが指さして何かを叫んでいるという状態。たしかにその人の指の先には、「台石」があるだろう。しかし、そのことは、叫び、指をさすという行為の意味と、台石というものをすでに知っているわれわれにわかるだけだ。何も知らない人（だからこそ教えられている）にとって、この人は、いったい何をしているのか。何もわからないだろう。「台石」という名前をまったく知らない人にとって、相手が叫び指さす状態が、何か意味をもつとは考えにくいからだ。しかも、この言語は、四つの名詞しかないのだから、これまで、そのような教示がなされたことはない。そもそも指で何かを指し示すという行為が、その二人のあいだで今までなされたかどうかもわからない。このような状態で、「これが台石です」ということが可能なのだろうか。Bにとっては、Aがとにかく指を地面に向けて何か聞いたこともない音をたてているという事態にすぎないのではないか。それが命名の儀式であるとか、これからおこなわれる建築のための準備作業であるといったことは、皆目わからないはずだ。

ただ、もしそのような儀式を経て、Aが「台石」と叫ぶと、奇跡のようにBが台石をAのところにもってきたとすれば、その儀式が成功したことがわかるだろう。こうした事後的な確認によってしか、この教示がそもそも成立したのかどうか、たしかめるすべはない。多くの可能性のなかから、理由はまったくわからないが、「台石」という語が台石を指していることをBが知るということが起こった、というだけの話だ。この過程のどこに「意味」があるのだろうか。あるいはなぜ、Aが「台石」と叫び、Bが台石をもってくるという一連の行為のうちに、「意味」を導入しなければならないのか。この一連の行為でいえることは、Aが「台石」という語を使い、Bがある行為をしたというだけではないか。

この行為のなかに「意味」をもちこんでもいいだろう。たしかにそれでうまく説明がつくかも知れない。しかし、それはどう考えても余計な仮定だ。もし、「意味」なる概念が存在するとすれば（存在しなければならないとすれば、という意味での仮定だが）、「台石」という語を使用することによって、建築家とその助手のあいだで一連の相互的行為が成立しているのだから、あくまでも事後的に、「語の意味とは、その使用だ」といえば、ことは済むのではないか。

三、意思疎通のシステム（第3節）

つぎに第3節に移ろう。第2節では、アウグスティヌスの言語観にのっとって、建築家と助手の四語によるやりとりを考えた。そして、その言語は、最終的にアウグスティヌスの考えるような、語と対象との一対一対応から離れていくように思われた。しかし、ウィトゲンシュタインは、ここでは、まだそこまではいわない。このような言語を、改めてウィトゲンシュタインは、「意思疎通のシステム」と呼ぶ。

たしかに、二人の人間のあいだで、石材のやりとりがスムーズにおこなわれていれば、「意思疎通のシステム」といってもいいのかも知れない。しかし、このようなシステムが、われわれが「言語」と呼ぶものすべてにあてはまるわけではないとウィトゲンシュタインはいう。まずは、「意思疎通のシステム」といういい方について考えてみよう。

「意思疎通のシステム」（System der Verständigung）といういい方には、たしかに問題がある。建築家と助手の例でいえば、建築家が「台石」といい、助手がそれをもってくるというやりとりがおこなわれる。これは、建築家と助手のあいだで意思疎通がなされたという事態だろうか。たしかにそういっていいのかも知れない。しかし、そもそも「意思疎通」とはどのような事態なのか。建築家が「台石」と叫んだにもかかわらず、助手が「梁石」をもってくる。これでは「意思疎通」は成立していない。「台石」という叫びに対して、台石をもってきた場合にのみ、意思疎通が成立したといえるだろう。ここまでは誰もが認めることができる。

だが、このような事態が意思疎通なのであれば、人が犬をしつけ、「おすわり」といった時に犬がすわるようになった場合、そこでは意思疎通が成立したということになるだろう。これは意思疎通だろうか。くりかえすが、たしかにそうかも知れない。しかしそうなると、ここでは「意思疎通」という語の定義が問題になっているだけなのではないか。犬の「おすわり」は、「反応」ではなく「意思疎通」だといえば、それはそうだ、ということにすぎない。

それではつぎに、「意思疎通」と「反応」とのちがいは、どういう点なのかという問題になるだろう。「意思疎通」は、「意思」というものを前提するのに対して、「反応」は、そうではない。「反応」は、刺激に対して特定の反応がなされるだけなのに対して、「意思疎通」の方は、「意思」が伝わればいいのであって、その反応は、さまざまな可能性があるだろう。これがちがいだろうか。たしかに「意思」というものを想定すれば、話は簡単だ。

「台石」と叫ぶのは、〈台石をもってきてほしい〉という意思を相手に伝えるためであり、それを聞いて台石をもってくるのは、その〈台石をもってきてほしい〉という意思を理解し、受けとったからだ、ということになる。ここには、二つの問題がある。一つ一つ見ていこう。

まず、「台石」という語が、〈台石をもってきてほしい〉という意思をあらわしていると書いたが、そのようなことが可能なのか。あたり前のことをいうようだが、「台石」は、「台石」であって、〈台石をもってきてほしい〉ではない。しかも、建築家と助手のゲームにおいては、「台石」「柱石」「石板」「梁石」の四語しか存在しないのだ。その時、「台石」と声にだせば、それは〈台石〉ということでしかない。「台石をもってきてほしい」という文言は、「台石」という語による「意思」をあらわすのではなく、「台石をもってきてほしい」ということをあらわしているだけだ。

さらに、誰かが「台石」と叫んで、ほかの人間が台石をもってくるというのは、その具体的行為を見る限りでは、反応と変わらない。そこに「意思」を介在させる必要はない。「台石」と叫び、台石をもってくる場合だけ意思疎通が成立するわけだから、それはまさに正しい反応といえるだろう。もし、「台石」という叫びに対して、ほかのものをもってきたとすれば、それは正しい反応ではなく、意思疎通もできていない。つまり反応と意思疎通は、原理的に区別できない。

このように考えれば、「台石」という叫びが、〈台石をもってきてほしい〉という意思をもっているという必要性というのは限りなく低いことになる。つまり、この言語ゲームにおいて、彼ら二人のやりとりを「意思疎通のゲーム」と「定義上」呼ぶ必要はないように思われる。だからこそウィトゲンシュタインも、「アウグスティヌスが意思疎通のゲームを記述している」と「いうことができるだろう」（wir sagen könnten）と接続法でいっているのだ。

ただ、そう呼ぶかどうか定義の問題にすぎないのだとすれば、ひとまず、このあり方を「意思疎通のシステム」と呼んでみてもいいだろう。しかし、ここでウィトゲンシュタインは、だからといって、「言語」と呼んでいるもののすべてが、このシステムではないという。ここには、二つの面白い問題が潜んでいる。

まず、「言語」という語で表現されたものが、共通の性質をもってはいないということだ。あたり前のことだけれども、一つの語によって示されたものが、ただ一つの性質をもっているわけではない。ウィトゲンシュタインは、ここで「ゲーム」という語を例にだしてつぎのように説明している。

このことはまるで、誰かが「ゲームというのは、ある規則にしたがって物体を平面上で移動させることだ……」と説明するのに対して、われわれが「あなたはボードゲームを考えているらしいが、それがゲームのすべてではない。あなたは、自分の説明をそうしたゲームにはっきり限定することによって、それをただすことができる」と答えているようなものだ。（3）

将棋も囲碁もゲームだが、野球やサッカーもゲームだといえるだろう。しりとりも迷路もにらめっこもゲームといえないことはない。また、いつ新しいゲームが生まれてくるとも限らないだろう。それに実際つぎつぎと生まれているのだから、「ゲーム」という語の範囲は漠然としていて、その全体をはっきり認識するのは難しい。というより不可能なのだ。

「言語」という語についても、事情は同じことだろう。ある現象が、たまたま「言語」と呼ばれているだけで、全体がはっきりと特定されているわけではない。「言語」と呼ばれているもののうちには、「意思疎通のシステム」もあれば、「あいさつ」もあれば、「詩の朗読」もある。「ひとりごと」もあれば「罵倒（ばとう）」もあるし、「数式」も「化学式」もあるだろう。また、日本語やドイツ語など、さまざまな言語の種類も、方言をふくめれば、かなりの数にのぼる。「言語」とそうでないものの境界は、限りなく曖昧なものにならざるをえない。

このように考えた場合の「言語」とは、いったいいかなるものなのか。そして「言語」という語と言語という現象（といえるものがあると仮定して）とは、どのような関係なのだろうか。言語と実際の現象とは、まったく異なる。「言語」という語と、さまざまな言語現象とは似ても似つかない。しかし、そのような複雑な現象を、ひとことで「言語」ということができる。とても不思議だ。ここで何が起きているのか。

実際の現象は、時々刻々と変化する。無限の要素によってできあがっている流動そのものだ。それを固定して認識しやすくするための道具が言語であることは、見やすい道理だろう。しかし、現実と言語とは、あきらかに位相がちがうわけだから、それを結びつける媒介が必要となるのは当然だ。それが、おそらく「意味」という概念なのではないか。

言語は、ある意味で融通がきかない。つねに同じ姿をしているからだ。「言語」という語は、いつも「言語」であり、「ゲーム」という語は、未来永劫「ゲーム」でありつづける。もちろん、どんな語も同様だ。それに対して、現実の様相は、めまぐるしく変わっていく。その現実に対応するために、「意味」が必要となるのだろう。一つの語が多くの意味をもつことによって、現実との対応をたしかなものにしようとするのではないか。(「意味」の存在を前提にすれば、の話だけれども)

この世界は、具体的なもので満ちみちている。そこには、いわゆる「言語」が入りこむ余地はない。もちろん、言語現象に必要な音や紙の染み(文字)は入ってくるだろう。しかし、これはたんなる物質にすぎない。ところが、この世界に埋没しているその物質が、それはそれで、まったく別の世界をかたちづくっている。これが言語の世界だ。

この言語世界においては、具体的な実在で満ちた世界全体を記述することができる。たとえば、「ビッグ・バン以来膨張しつづける宇宙」といった一語で全宇宙をまとめることが可能だろう。あるいは、この段落の一文目に登場した「具体的な実在で満ちた世界全体」という語で充分ではないか。一つの語のなかに、世界全体が一気に収められるのだ。つまり、物質的な言語は、世界のなかにあるにもかかわらず、その世界の方は、ことごとく言語によって表現される。（もちろん、この「表現」が、本当に「世界の表現」になっているかどうかは、大きな問題である）このように相互に入れ子になっている構造こそが、言語と世界との関係の特徴だといえるだろう。

　このまったく異なる二つの世界、しかも相互に入れ子になっている世界を無理に対応させるのが、ウィトゲンシュタインのいう「アウグスティヌス的言語観」だといえるのではないか。つまり「語の意味は、それが指示する対象」という考え方だ。この考え方は、くっつくはずのない二つの隔絶した世界を「意味」という接着剤で無理にくっつけようとしているかのようだ。語の意味が対象であるならば、たしかに語と対象とは、意味によって接続されるだろう。というよりも、意味という接着剤は必要ないほど、じかに接続しているはずだ。しかし、ことはそううまく運んでいるのだろうか。

　前にも述べた、対象がなかったりイメージできなかったりする語（助詞・助動詞・接続詞など）については、不問に付そう。それをいいだせば、そもそもこの言語観が破綻（はたん）しているのはあきらかだからだ。ここでは百歩譲って、たとえば「机」について考えてみよう。「机」という語は、たしかに具体的な机を指してはいるだろう。しかし、とてもじゃないが、ある特定の場所にある一つの具体的な机などというものと対応しているわけじゃない。「机」という語のもっている抽象度は限りがない。なぜなら、これから先歴史上存在するであろう机をすべて包摂し、かつ過去に存在した机もすべて包摂しているのだから。もっといえば（あたり前だが）、現時点で世界中に存在している机も包摂している。

このように考えれば、おかしないい方だが、「机」という語のもつ抽象度と内容に対抗できるのは、「机」という語以外にはない。だから、――ウィトゲンシュタインは、そんなことはむろんいわないけれども――「机」という語の意味は「机」という語だといいたくなる。この語自体（そして、語というのは一般にそうだが）が、屹立（きつりつ）しているからだ。

だが、このいかにも使いにくい「机」という語を、われわれは日常的に使っていく。そして、この「机」という語を、日本語を母語とする人たちのあいだで（「机」は日本語なので）、問題なく使いこなすことができる時、われわれは「机」という語を習得したのだし、その「意味」を身につけたということになるだろう。無限の抽象度を、現実の生活に導入するすべを身につけたということだ。

かなり、先走りしすぎた。『探究』の本文に戻ろう。つぎの節でウィトゲンシュタインは、「語の意味は、それが指示する対象」という考え方を揶揄（やゆ）する例をだす。

四、あまりにも単純な文書（第4節）

この節は、面白い想定から始まる。

文字が音声の記号としても用いられ、またアクセント記号としても、句読点としても用いられるような文書を考えよ。（4）

というのだ。そのことごとくが、文字によってできているような文書とは何か。この想定のポイントは、この文章は、完全に一元的な文字によってできているということだ。この記号法においては、文字以外に他の種類の記号はないのだから、文書を構成する要素に、まったくちがいがない。われわれの通常の文章は、名詞もあれば動詞もある、助詞もあれば句読点もある、といった具合に、さまざまな種類の語や記号によってできている。ところが、この想定では、種類は一つ、そしてそれは、音声をあらわす文字ということだ。ということは、すべての文字が何らかの対象（つまりは音声）をかならず指示していることになるだろう。それが、強調をあらわす記号や句読点であったとしても、ほかの音声をあらわす文字と同じ文字が使われているのだから区別はつかない。たとえば、もっと日常的な想定をすれば、名詞だけでできあがっている言語、しかも、句読点もまた名詞で代用されるような言語を考えてもいい。そのような場合には、もし、その名詞が何かに(たとえば、外界の対象に)対応しているのであれば、その対応が実に容易に見てとられることになるだろう。われわれの言語のように、形容詞や助動詞や接続詞や句読点といったさまざまな品詞や記号によってできあがっている言語と比べれば、はるかにまぎれがないのだから。

だから、

その時、それぞれの文字には一つの音声が対応しているだけであって、それらの文字がまったく別の機能はもたないかのように、この文書を理解する人がいると考えてみよ。(4)

という事態も起こる。本当は、句読点やアクセント記号をあらわす文字を、間違って音声に対応していると考える人もでてくるというわけだ。われわれの言語とは根本的に異なっている、このような特殊な言語において初めて、アウグスティヌスの言語観が現実のものだと考えられることになると、ウィトゲンシュタインはいう。

アウグスティヌスの言語のとらえ方は、このような一つの、あまりにも単純な文書のとらえ方に似ている。(4)

いわずもがなではあるが、どのように似ているのだろうか。アウグスティヌスの考える語と対象とが一対一対応している言語が成りたつためには、語の種類が著しく限定されなければならない。たとえば、具体的な事物を示す名詞だけでその言語が構成されていれば(建築家とその助手との原初的な言語のように)、厳密に対応が成りたつだろう。色彩語や接続詞、形容詞はない方がいいし、助詞、助動詞などはもってのほかだ。対応を優先させるのであれば、ごくごく単純な言語でなければならない。

このような観点からすれば、アウグスティヌスの考えている言語は、その言語であらわされる文字がすべて、それぞれ一つの音声に対応している「あまりにも単純な文書」に似ているというわけだ。文字以外の余計な記号が使われていると、形式的にその対応が崩れてしまう。疑問符や句点やコロンは、そもそも何も指してはいないのだから。

このような奇妙で、しかしある意味で根柢的な対応関係を考えなければ、アウグスティヌスの考える言語は成りたたないとウィトゲンシュタインはいいたいのだ。つまり、語と対象とが対応する言語は、いちじるしく現実的ではないといっていることになるだろう。

五、「赤いリンゴを五つもってきて」(第5節)

わたしたちは、言語をすでに習得している。この事実は決定的だ。どれほど工夫したとしても、われわれは、言語そのものを外側から考察することはできない。ことばをすでに使っているという地点からしか考えられない。考察そのものも言語でおこなうのであればなおさらだ。この節の冒頭で言及される第1節の例にしても、すでにわれわれは、そこにでてくる「リンゴ」「赤い」「五つ」といった語を熟知している。「リンゴ」や「赤い」や「五つ」という音は、わたしたちの耳には、たんなる雑音には聞こえない。そして、何かしら「意味」のようなものが、これらの語に付随しているような気もしてしまう。だからこそ、このような例を考えることも可能になる。

われわれは、これらの語を日常的に使っているので、これらの語を習得している最中や、それ以前のことを思いだすのは、不可能に近い。たとえ思いだしたとしても、現時点からさかのぼって思いだすのだから、習得後の考えが浸透するのは避けられないだろう。親しければ親しいほど、相手を客観的に眺めることができない人間関係のようなものだ。こうしてわれわれは、「意味」なるものが、すでにつねに最初から存在していたような気になってしまう。

ウィトゲンシュタインは、つぎのようにいう。

第1節の例を考察してみると、人は、語の意味という一般的な概念が、どれほど言語の働きを煙霧で包みこみ、明瞭にものごとを見えなくしているかをひょっとしたら予感するかも知れない。(5)

「明瞭にものごとを見る」ために、第1節をなるべくまじりけのない目で、より日常に即したかたちで再構成してみよう。したがって、先に論じた時とは別のやり方で。たとえば「赤いリンゴを五つもってきて」とわたしがいわれたとしよう。(第1節の例では、「もってきて」という動詞は登場しない)わたしは、その文を記憶していて、リンゴのあるところへ行き、赤いリンゴをさがし、五つ数えて(たとえば「一、二、三、四、五」と口にだして)、「赤いリンゴを五つもってきて」とわたしにいった人にそのリンゴを手渡すだろう。それだけだ。

この場合、「赤いリンゴを五つもってきて」という文の「意味」なるもの(を想定するとして)がわからなければ、わたしは、そもそも「赤いリンゴを五つもってきて」といわれたとしても、何の反応も示さないだろう。しかし、アウグスティヌスのいうように、語の「意味」とはその対象であるとすれば、おかしなことになる。この文を構成している語のなかで、その対象が頭のなかに浮かぶのは、「リンゴ」や「赤い」だけだからだ。何度もいうように、「五つ」や「を」や「もってきて」といった語は、同じ言語内の語であるにもかかわらず、その対象は浮かばない。「赤いリンゴを五つもってきて」という文を聞いて、それなりの反応ができるために、われわれはどのような過程をたどるだろうか。まずはもっともわかりやすい「リンゴ」という語について考えてみよう。

日本語を母語にしていれば、「リンゴ」という音声が聞こえてくれれば、それなりの反応をしてしまう。これは、近くにリンゴがあるからとか、リンゴのイメージが浮かぶからというわけではない。あるいは、極端ないい方をすれば、リンゴを見たことがなくとも、日本語を習得しているのであれば（当然その習得の過程で「リンゴ」という語にであっただろうから）、的確な反応をするだろう（真偽はさだかではないが、三島由紀夫が、本物の松を知らずに「松」という語を使っていたという逸話があるように）。

「リンゴ」は、あくまでも「リンゴ」という語なのであって、それ以上でもそれ以下でもない。この語を適切な場面で使うことができ、「リンゴ」という音や文字に対して、日本語を使う共同体におけるほかの人と同様の反応をすることができれば、「リンゴ」という語を習得していることになる。

ボールがこちらにとんでくれば自然と捕球する。バットをもっていて、ボールが投げられれば、当てようとして振ってしまう。野球をしたことがあれば、そのように身体がつくりあげられている。これと同じように、日本語を身につけている者は、「リンゴ」という語を聞くとリンゴをもってきたり、「リンゴ」という語を発しながらリンゴを食べたりする。野球選手にとっては、野球ボールが石ころに見えないように、日本語を母語とするものにとっては、「リンゴ」という音は雑音には聞こえない。

だからといって、硬式（あるいは、軟式）ボールそのものに「意味」があるとはいわないように、「リンゴ」という語そのものに「意味」が付随しているわけではないだろう。この語は、われわれの日常生活において、ある種の反応を引きおこすきっかけとなる音声なのだ。誰でも知っているように、「話すのを学ぶ」「言語を習得する」というのは、こういうことであって、複雑で抽象的なことをしているわけではない。ところが、いったんことばを話せるようになると、「語の意味」などといったものを、習得後の世界から逆算してつくりあげてしまう。これは、いわばプロの野球選手が引退して、グラウンドの外から訳知り顔で解説するようなものだ。

語は、たしかに意味をもってはいるだろう。しかし、それは、「リンゴ」という音が雑音に聞こえないということにすぎない。雑音ではない音声を、生活のなかでやりとりすることによって、いろいろと利便性が生まれてくるということだろう。ボールがただの石ころとは異なり、野球というゲームのなかでこの上なく重要な役割を演じるのとまったく同じことだ。

ボールが石とちがうのは、ボールそのものに「意味」があるからではなく、野球というゲームのなかで、ボールが一定の役割をもっているからだろう。野球というゲームが、「意味の場」を形成しているのだ。その「場」に参加するためには、ボールがとんでくれば捕球し、それをすばやく他人に投げかえすといった動作が自然にできなければならない。これは、言語ゲームでもまったく同じであり、「リンゴ」といわれれば、いった当人にリンゴをもっていくか、何がしかの反応をしてしまう。だからといって、「リンゴ」という語そのものに「意味」がそなわっているわけではない。

その内側から言語を考えずに、言語全体を外側から説明してしまうと、「意味」が語にまとわりついているように見えてしまう。言語活動から離れて抽象的な図式で考えると、つい語が対象と対応しているように思いこんでしまうのだ。われわれは、あくまで日々の言語活動の現役であり、引退してネット裏から言語ゲームを解説しているわけではない。だが現場から離れネット裏からだと、語も対象も同じように対象化できるので、対応関係をつくりやすくなる。

「リンゴ」のところで述べたように、「赤いリンゴを五つもってきて」というのも、「赤いリンゴを五つもってきて」という文以外の何ものでもない。あたり前のことだけれども、「赤いリンゴを五つもってきて」という文が、何らかの対象やイメージを示しているということはない。とくに「もってきて」の部分は、対象やイメージを対応させるのは不可能である。ほかの部分ももちろん対応していないし、そもそも、この文が、それらの部分によって、「意味」的に構成されているかどうかもよくわからない。

この文が、日本語話者にとって雑音に聞こえないのは、日本語というゲームのなかで一定の役割を演じているからだ。そして日本語というゲームは、言語という抽象的な観念ではなく、生活に密着した音声や文字のやりとりである。だから、われわれが「赤いリンゴを五つもってきて」という音の連続を聞いた時に、母語を共有している人たちと同じ行為や反応をすることができれば、「日本語ゲーム」に参加しているということになるだろう。

日本語を使う共同体のなかに生まれた赤ん坊でも、日本語を外国語として学ぶ人たちでも、「赤いリンゴ五つもってきて」という音が雑音に聞こえず、的確な反応をすることができるようになれば、この文の意味がわかっているということになる。

だからこそウィトゲンシュタインは、つぎのようにいう。

言語のそのような原初的形態を、子供は話すことを学ぶ時に用いる。その場合、言語を教えるというのは、それを説明することではなく、訓練することなのだ。（5）

われわれは、母語だけでなく、いずれの言語も、訓練することによって身につけるのであって、説明されて身につけたりはしない。それぞれの語や文のもつ「意味」を説明されて言語を習得した人はいない。「意味」の理解や説明などといわれるものが登場するのは、あくまでも、その言語を習得したあとである。習得していなければ、「意味」なるものを、文章や語の使用以外のところに想定したりはしない。

六、語の直示的教示（第6節）

ここで再び第2節の言語が登場する。この節の冒頭で、ウィトゲンシュタインは、つぎのようにいう。

> われわれは、第2節の言語がAとBの**全**言語であり、したがって、一民族の全言語であると想像することができよう。子供たちは、**そのような**活動をおこない、**そのような**単語をその時もちい、**そのように**他人のことばに反応するよう教育される。（6）

建築家Aとその助手Bとのあいだでおこなわれる、四つの語でできた言語は、それだけで完全な言語であり、その言語のなかには、他のどのような語もない。したがって、この言語を使う民族は、すべての人間が、AとBのような活動をおこなう。このような言語を使う共同体においては、AとBとのあいだでおこなわれる語のやりとりができるよう訓練されるだろう。それが、この共同体の教育ということになる。

この言語は、われわれが現在使っている言語（たとえば日本語）とまったく同等のものであり、したがって、われわれの言語の一部分を切りとったものなどではない。だからこそ、われわれが実際使う言語のモデルにもなっている。われわれの言語のように、どんなに複雑だろうが、あるいは逆に、（AとBの言語のように）どんなに単純だろうが、ある言語が成立していれば、それが全言語なのであり完全な言語なのだ。

そして、その言語が使われるためには、そこで訓練がなされなければならない。このことは、言語の複雑さの度合とは関係ない。それどころか、われわれは言語のなかにいつもいるのだから、それが「複雑」だとか「単純」だとかという視点にたつことは、原理的にできないはずだ。もちろん、言語における語彙数の比較はできるだろう。建築家と助手の言語は、四つの語彙しかないのだから、通常の言語とは、語の数にかんしては比較にもならないだろう。しかし、そのことが、言語の複雑さにどうかかわっているかどうかは別問題である。

どんなに語彙数の少ない言語であろうとも、その言語によってわれわれの生活が営まれるのであれば、他の言語と「複雑さ」という点にかんしては遜色ないからだ。どちらも完全な言語であるという点では同じなのだから。将棋とチェスと囲碁の「複雑さ」の度合を比較しても意味のないことだ。盤面の広さであるとか、平均的な手数の長さなどの比較はできるだろうが、それは、それぞれのゲームがそれだけで完全なゲームであることとはかかわりはない。

そして、囲碁でも野球でもポーカーでも、どんなゲームでも、そのゲームをするためには、そのルールを身につけなければならない。ルールだけではなく、実際にゲームに参加するためのさまざまな暗黙の前提のようなものも習得する必要があるだろう。これが訓練だ。このような訓練は、そのゲームを外側から考察したり、議論したりすることとは別のことであり、他人からゲームをくどくど説明されても、ゲームのプレイヤーにはなれないのである。実際に、そのゲームをできるようにならなければならないのだから。

第2節の言語における、このような訓練とは、どのようなものなのか。ウィトゲンシュタインは、つぎのようにいう。

> 訓練の重要部分は、教える者が対象を指さして、子供の注意をそれらに向け、それとともに一つの語を発することにある。たとえば「石板」という語を、その（石板の）かたちをしたものを見せながら発音することから、訓練は成りたつだろう。（6）

たいへん想像しがたいことだけれども、第2節の言語が、一民族の全言語なのだから、この民族は、全員が（あるいは、いろんな事情で言語を習得できない人もいるだろうから九割以上が）建築家とその助手ということになるだろう。建築家と助手の割合は、もちろんわからない。常識的に考えて、建築家より助手の方が多いだろう。しかし、建築家と助手がその民族に占める割合が、このように大半なのであれば、おそらく、とてつもない数の建築群によって生活圏がおおわれていることだろう。

あるいは、この民族においては、ほとんどの人間は言語とは無縁で、建築家集団のみが、言語を使用しているのかも知れない。ほかの人たちは、このエリート集団とは接触はもたず、無言語社会を生きている。この世界では、建物が、この上なく価値をもつ。ほとんどの人たちは、建物ではなく、テントのような簡易宿泊施設で暮らしている。したがって、一部の上層階級である建築家集団によって、よい建物を建ててもらうのが、最大の名誉であるような社会かも知れない。このどちらかによって、かなり「訓練」も異なってくるだろうが、ここでは、前者ということにしよう。

もし、そのような社会であれば、父親も母親も祖父母も、すべて建築家かその助手なのだから、小さい頃から、「台石」「柱石」「石板」「梁石」という語を聞かず、それらを使った言語活動がおこなわれている様子など一度も見たことがないなどということは考えられない。そうだとすれば、ウィトゲンシュタインがいうような「訓練」をする必要がでてくるかどうか、大いに疑問である。このような訓練をする前に、すでにこの言語ゲームに否応なしに参加しているだろうし、改めて、対象を指示して語を発するなどということはおこなわれないだろう。ある程度の語彙を習得したあとに、新しい語を質問した場合であれば、そのように語を教えることはあるだろうが、全語彙が四語なのだから、そんなことは考えられない。

この社会では、建築というのは神聖な儀式であり、ある特定の場所や時間においてしか、全語彙が四語の言語によるやりとりをしない、というのであればもちろん別であるが。その儀式に参加する際に、イニシエーションとして、このような教示がなされることもあるかも知れない。このような社会であれば、上に述べた後者の例に近いことになるだろう。

しかし、そうなると、この社会における言語習得は、われわれの社会におけるものとは、まったく異なるものになるだろう。私たちの母語の習得においては、このような訓練が最初におこなわれることはない。前にも述べたが、私たちは不思議なことに、この世界にいきなり投げだされる。右も左もわからない状態で、何の導きもないままにゲームはすでに始まっている。ウィトゲンシュタインがいうような「訓練」ではなく、前々から参加している者たちが実際にゲームをしている様子を見ながら模倣していくしかない。

したがって、ここでウィトゲンシュタインが描いている「訓練」は、われわれが実際におこなっている習得過程のある種の戯画化なのだ。あるいは、こういういい方が、より正鵠を射ているかも知れない。このような訓練は、最初にはおこなわれない。ただ、もし語が対象を名ざすという事態が万が一にも起こっているのであれば、このような訓練もおこなわれるかも知れない。しかし、実際この訓練がおこなわれたにしても、意図したとおりの結果が生まれるわけではない。あるいは、生まれているかどうかたしかめるすべはない、と。

そのような、いくつかの条件がそろって初めて成立するような、この「訓練」について見てみよう。ここでは、教える者は、対象を指ささなければならない。しかし、指すことが、その先の対象を指示していることだと気づくには、それなりの経験をしていなければならないだろう。その共同体のなかで、さまざまな仕種を見ていろいろな音声を聞いて多くのことを経験することにより、おのずと「指さす」という行為が体得される。「指」ではなく、「目」であったり、「手のひら」であったり、「顎」であったりする可能性もあるのだから、この仕種は、その共同体独特のものである可能性が高い（西洋や他の地域と日本とでは、多くの仕種が異なる意味をもつことを考えればいい）。

したがって、「対象を指さして、一つの語を発する」という行為が、その語とその対象との結びつき（あるいは、漠然と関係）をつくる動作だというのは、かなり特殊なことであるし、その共同体で何年かすごさなければ、わからないことだ。だとすれば、この「訓練」が最初（といっても、どれくらいの期間なのかにもよるだろうが）になされる可能性は、かなり低いといわざるをえないだろう。ようするに、「対象を指さして、一つの語を発する」ことによって、語と対象とを結びつけるという訓練ができるためには、その前に多くのおのずと積まれる訓練（というよりも経験）が必要だということである。

だからこそウィトゲンシュタインは、先の引用に括弧つきで補足してつぎのようにいう。

これをわたしは、「直示的説明」とか「定義」などとは呼ばないだろう。子供は、まだ名づけるということがどういうことなのか問うことができないからだ。わたしは、これを「語の直示的教示」と呼びたい。(6)

そもそもこの想定は、四語からなる言語なのだから、子供が名づけることについて問うなどということはありえない。だが、もしそれが可能だとしても、たしかに、この訓練は「直示的説明」や「定義」とは呼べないだろう。なぜなら、この訓練の時点では、子供にとっては、その訓練が何をしているのか、皆目わからないはずだからだ。年長者が何か音声を発して指さすという仕種をしきりにしている。それがどういう意味なのかは、わからない。この共同体における四つの語のなかの一語(「石板」)を初めて聞く。これまでの叫びや唸りとは異なるはっきり分節された音声を感じるだろう。年長者は、あきらかに何かの意図をもっているようだ。子供は、このような事態をそのまま経験しているといえるだろう。その経験が、どのような効果をその子供に与えるかは、誰にもわからない。

そうなると、これは、この事態そのものを「教示」していると考える方がいいだろう。この教示が、最初の一歩なのだから、ここから何の前提もなしに始まるのだ。しかも、この行為が、どのような効果を、この子供に及ぼすかはわからない。ただ、「説明」や「定義」といった多くの事柄を前提としなければならない行為がおこなわれているわけではないことだけはたしかだろう。そもそも、四語しかないのに、「説明」や「定義」になるわけがない。ただただ事態が丸ごと「教示」されているということになる。

ウィトゲンシュタインは、さらにつぎのようにいう。

　このような語の直示的教示は、語と物とのあいだに連想による結びつきをつくりだすといえる。しかし、これはどういうことなのか。いろいろなことでありうる。（6）

このような教示でたしかなことは、「連想による結びつきをつくりだす」ということだけであって、どのような連想なのか、あるいは、その結びつきは具体的にどのようなものなのかはわからない。それは、その共同体のあり方によって異なってくるだろう。だからこそ「いろいろなことでありうる」というのだ。

ウィトゲンシュタインは、つぎのようにつづける。

しかし、人がおそらくまず考えるのは、子供が語を聞くと、物の映像がその子の心に浮かぶということではないか。（6）

実際に語を聞いて、その映像が浮かぶなどという経験は、わたしにはほとんどないので、この文には違和感を覚えてしまう。ただ、無理に思い浮かべようとすれば浮かばないわけではないので、いいたいことはわかる。ウィトゲンシュタインもつづけて、

> だが、そうしたことが今起こっているとして、――それが語の目的なのだろうか。――そう。それが目的の場合も**ありう**る。（6）

という。語を聞いて映像が浮かぶというのは、一つの可能性にすぎないことを強調している。この語とイメージ（映像）との結びつきは、通常の（少なくともわたしの）言語活動では、まったく登場しない。われわれは、イメージなど思い浮かべずに、つぎつぎと語を紡（つむ）ぎだす。そもそも、いちいちイメージしていたのでは、普段の会話など成りたたないだろう。たしかに「昨日の夕陽を思いだしてごらんよ」などといわれれば、意識してその映像（昨日の夕陽）を思い浮かべることもあるだろう。しかし、それは、あくまで意識しておこなう行為であって、ごく稀な例だ。語とイメージ

との結びつきは、言語行為にかならず伴っているわけではない。それに何度もいうようだが、イメージが対応している（ように思える）のは、具体的な事物をあらわす一部の名詞のみである。一部にしかあてはまらず、また、ごく稀にしか起こらないケースが、言語の一般的事例になるわけがない。だからこそウィトゲンシュタインもいうように、「しかし、第2節の言語の場合には、イメージを呼びおこすのが語の目的ではない」のだ。イメージが浮かぼうが浮かばなかろうが、たとえば「石板」をもってくるといった行為をすればいいのだから。

たしかに、語を聞いて、それによって浮かんだ自らのイメージをかならず図に描き、他人のそれとつきあわせることによって、さまざまな行為をするといった共同体を考えることは可能だ。そのような共同体であれば、われわれとはまったく異なる言語行為を日々おこなっているだろう。イメージが、語の使用において決定的な役割を演じるだろう。しかし、われわれはそうではない。ある語を聞くと、それに対応した行為をおこなったり、別の語を返答したりする。イメージは、そこに介在していない。われわれが生きている共同体は、理由はわからないけれども、そのようなルールになっているのだ。雑音になるかも知れない音を、特定のやり方で発音し、その音によって行為や「意思」のやりとりをする特殊な集まりなのだ。

われわれの共同体やそれを支える教育が背景にある、このような直示的教示も、当然のことながら、その全体のなかに溶けこんでいるだろう。この言語共同体においては、ある語を聞き、その語にふさわしい対応（発語やもろもろの行為）をすれば、その語を理解しているといわれる。その対応にイメージがともなっている必要などさらさらない。

この節の最後を、ウィトゲンシュタインは、つぎのような比喩でしめる。

「わたしはロッドをレバーに結びつけて、ブレーキを修理する」——もちろん、そのためには、ほかの全メカニズムが与えられていなければならない。それがあって初めて、ブレーキ・レバーはブレーキ・レバーになるのであって、その支えから切りはなされているなら、レバーですらなく、どのようなものでもありうるし、また何ものでもありえない。（6）

語の直示的教示が成立するためには、さまざまな準備が必要だ。「教える者が対象を指さして、子供の注意をそれらに向け、それとともに一つの語を発することにある。たとえば「石板」という語を、そのかたちをしたものを見せながら発音することから、訓練は成りたつ」という直示的教示は、この場面だけを切りとれば、何をしているのかは、外部の者（われわれの共同体に属さない者）にとっては、まったくわからない。「教える者」とは何か、「諸対象を指して」いるのかどうか、わかるはずがない。指さして、「それとともに語を発する」からといって、それが何をしたいのか、わかるわけがないだろう。このような事態が、われわれの世界における「直示的教示」として成立するためには、「教える者」「指さす」「対象」「それとともに語を発すること」などが、理解されていなければならない。つまり、このような直示的教示を構成する要素を、直示的教示がなされる場に立ちあう前に、すでに充分知っていなければならないということだ。ということは、極端ないい方をすれば、この「直示的教示」という行為が、大きなジグソーパズルの最後の一ピースにすぎないという状態でなければ、われわれの共同体における「教示」は成立しないというわけだ。

ブレーキを修理するためには、そのブレーキをもつ自動車のすべてのメカニズムが、その背景になければならないだろう。自動車という全体がなければ、ブレーキという部品は、用途も何もわからないただの物体にすぎない。ウィトゲンシュタインがいっているのは、ここまでだ。だが、その背景を拡大すれば、車を必要とする人や社会、自動車整備工場やガソリンの存在、ひいては車の保険など、自動車のブレーキという部分が機能するための全背景が、すでに存在しているのでなければならないということにもなるだろう。だから、未知の惑星（ただし、車社会とは無縁の惑星）に、ブレーキ・レバーだけをもっていったとしても、それは「どのようなものでもありうるし、また何ものでもありえない」のである。

column ウィトゲンシュタインの講義

ノーマン・マルコムの『ウィトゲンシュタイン　天才哲学者の思い出』(板坂元訳、平凡社ライブラリー、一九九八年、以下の引用後の数字は頁数である。地の文との兼ねあいなどにより一部変更した) から、ウィトゲンシュタインの講義の模様をいくつかぬきだしてみよう。この哲学者が、本当に類まれな人物であったことがはっきりわかる。

まず、

　講義は下準備もノートの類もなしにおこなわれた。かつてノートを準備して講義してみたが、その結果にあいそをつかした、とかれはわたしに語った。読みあげる内容はカビの生えたようになるし、かれが友人に漏らした表現を借りれば、ノートを読み始めると「ことばは生命を失った死骸のように」感じられたのだという。(中略) その場でものを考えるといった風なやり方で講義を進めていけるのは、とりあげる問題について、以前から考えに考えをめぐらし、かつ今も考えたり書いたりしているからに他ならない、とかれはいっていた。たしかに、そうにちがいないのだけれども、講義中に生まれるものは、大部分が蓄積された知識ではなく、その場でわれわれを前にして生みだされる新しい考えであった。(一二一頁)

このような講義の様子からわかるのは、ウィトゲンシュタインは、いつも考えつづけていたということだ。ようするに、日常的に哲学をしていたのである。哲学者であれば、そんなことはあたり前だと思われるかも知れないが、かならずしもそうではない。おそらく、これが、真の哲学者と、ただの哲学研究者との分水嶺だろう。どんな職種でも、その仕事について四六時中考えつづけているということは、かなり難しいのではないか。通常は、本や論文を書く時、あるいは講義の下準備の時などが、そのような思考の機会になるだろう。

しかし、ウィトゲンシュタインは、本や論文をいつも書いていたわけではないのに、ここに書かれているように、講義の下準備もする必要がないくらいだったのだ。つねに徹底的に考えつづけていたからであろう。

それは、数学者の集中的な思考のようなものだろうか。たとえば、アンドリュー・ワイルズが、フェルマーの最終定理を証明するために、七年ものあいだ自宅にこもって考えつづけたように、ウィトゲンシュタインは、一生哲学の問題を考えつづけたのだろうか。大げさかも知れないけれども、たしかにそういう側面もあるだろう。あるいは、プロの将棋指しの卵が、伊藤宗看の『詰むや詰まざるや』全問を、自らの能力をふりしぼって何か月も解きつづける時のようなものだろうか。

『哲学探究』を読めばわかるように、ウィトゲンシュタインの恒常的思考という活動は、過去の哲学者や哲学書を研究するという営為とは似て非なるものである。たまたま過去の哲学の問題とウィトゲンシュタインがとりくむ問題とが重なることはあっても、他人が考えだした問題から出発して、自分なりの味つけをするなどということは、この哲学者にとっては思いもよらない。

ウィトゲンシュタインは、日常の場面にいつもいて、そこで哲学するための素材を見つけだし、それについて独力で考えつづける。複雑な事態を複雑なまま受けとめて、その縺(もつ)れを丁寧にほどいていく。だから、ウィトゲンシュタインの姿勢は、最初から考察対象が決まっているような、いわゆる「研究」というものから、もっとも遠いものになるだろう。いつも素手で、他人に頼らず、そして、〈ここ〉から、つまり、この複雑な現実そのものから考え始めるというわけだ。

そして、さらに恐ろしいのが、そのような日々の思索を基盤にして、講義中に今までとは異なるあらたな考えが生みだされるということだ。ふつうの人間であれば、下準備をして、その下準備通りに講義ができれば満足する。もちろん予想外の展開が起きて、新しい考えが生まれることもあるだろう。しかし、それはごくたまにおこることだ。ところがウィトゲンシュタインはそうではないらしい。それが嘘ではないことは、『哲学探究』を読めば一目瞭然だ。これこそ天才の天才たるゆえんであろう。

このように自分自身で、つねに考えつづけているから、ほかの人間が考えていることも手にとるように見通すことができる。マルコムは、こう書いている。

ウィトゲンシュタインは、議論をする相手の考えていることをいい当てる異常な才能をもっていた。相手がその考えをことばにおきなやんでいると、ウィトゲンシュタインは、それが何であるかを見てとって、相手のためにことばに直してくれたものだ。この能力は、ときどき神業のように見えたが、実際は、彼自身が長いあいだたゆみなく研究をつづけているためにできたことだと、わたしは確信している。彼自身が複雑に入りくんだ問題を解決するために、何百回となく、相手の考えている点を通ったことがあるので、相手の頭にあることがすぐわかるのだった。かれは、ある時わたしに、教室で誰かが何か考えついたことで、彼自身がそれ以前に一度も考えたことがないも

のは、ほとんどありえない、といったことがあるが、これは大ぼらではなかった。（七一頁）

多くのほかの人間が考えることを、すでに何度も考えているから、ウィトゲンシュタインは、相手がことばにできない考えを見事に表現してしまう。われわれの身近には、いくつもの絡みあった哲学的問題がある（このことは、『哲学探究』によって、ウィトゲンシュタインが教えてくれた）。それらをつねに、具体的に細かく吟味しつくしているからこそ、ほかの人間が、そのつど（おそらく講義の時に、ウィトゲンシュタインに刺激されて）考えることなど、かれにとっては、かならず一度通った道なのだ。

トリニティー・カレッジの自室でおこなわれた講義の実際の様子は、どうだろう。

ウィトゲンシュタインは部屋の真中においた簡素な木の椅子にすわり、そこで苦悶しながら思考活動をつづけた。よく、考えがいきづまり、それを吐露した。「わたしは馬鹿だ！」「おそろしく駄目な教師だよ、わたしは」「今日は頭の調子がまったくおかしい」といったことばをつぶやくのだった。（一五頁）

あるいは、

時間中に、話がとぎれて何度もみんながじっと静まりかえることもあった。ときどきウィトゲンシュタインのつぶやき声が聞こえるだけで、みんなおしだまってかれに注目していた。こういう沈黙のあいだ、ウィトゲンシュタインは極度に緊張し興奮していた。眼は一点をじっと凝視し、顔は生気にあふれ、両手は何かをつかみとるようなしぐさをつづける。その表情は真剣そのものだった。(一六頁)

息づまる講義の状況が、手にとるようにわかる記述だ。一人の比類なき哲学者によって新しい思考が生まれる現場が、なまなましく描かれている。この記述を見ると、ウィトゲンシュタインが、冷静に思索を進めるタイプではなく、全人格をかけてはげしく考える人物であることがわかるだろう。

さらに、

ウィトゲンシュタイン自身は、これを「講義」と称していたけれども、正確にいってこういう集まりを講義と呼ぶのはいかがなものであろう。第一、かれはこの集まりのあいだに独創的な研究をおこなっていた。一人っきりでやっているような態度で、ある問題をみんなの前で考えこんでいたのだ。もう一つには、この集まりは、大部分が対話だった。ふつう、ウィトゲンシュタインが出席している面々に質問をだして、その答に自分の意見を述べる。集まりといっても、たびたび、誰か一人を相手にしての対談に終始することもあった。（一五頁）

ここには、『哲学探究』の叙述の原型があるといえるだろう。『探究』の多くは、対話で成りたっている。もちろんウィトゲンシュタイン自身の自問自答ではあるけれども、二人の登場人物のあいだで徹底した議論がくりひろげられる。何人もの敵対者が登場し、それを巧みにウィトゲンシュタインが論駁していく構造は、まさにこの講義のやり方と同じだといえるだろう。

この講義の異常な緊張感は、つぎのような例でもよくわかる。

一度ウィトゲンシュタインの旧友であるヨーリック・スマイシーズが、反論をうまく口にだしていいあらわせないことがあったが、その時ウィトゲンシュタインは、きつい口調で「なんだ、これじゃこのストーブ相手に議論しているみたいだ」といった

ことがある。(一七頁)

どんなに親しい友人であっても、自分の考えに対して、きちんと反論をいうことができない場合には、このような激しいことばをなげかけられる。友人でも、こんなに徹底的に攻撃されるのだから、学生にとっては、この上なくこわい先生だったにちがいない。友人どころか、年長の哲学者であるムーアに対しても容赦はしない。講義ではないけれども、ウィトゲンシュタインの考えに批判的な論文を読みあげたムーアを相手に、烈火のごとく怒る様子が、マルコムによって、つぎのように活写されている。

ムーアがもう一度この論文を読みあげ、ウィトゲンシュタインはただちに反論を始めた。議論の時に、かれがあれほど興奮したのを見たことがない。かれは火が燃えあがるような勢いで早口にまくしたてた。矢つぎばやに質問をだして、ムーアに答えるひまも与えない。二時間以上もこれがつづいた。そのあいだ、ほとんどウィトゲンシュタインがしゃべりつづけ、ムーアがたまに意見をさしはさむだけで、居合わせたほかのものはほとんど何もいわなかった。ウィトゲンシュタインの頭のするどさと迫力には、感心するというか恐ろしくなるほどだった。(二一八頁)

19歳年上のムーアに対して、反論させずに、速射砲のように反論をたたみかけていく。真の天才ウィトゲンシュタインの姿が目に浮かぶようだ。この哲学者は、あきらかに知性と感情が不可分であるタイプの天才であるといえるかも知れない。したがって、熱情を全面的に投入して真理を追究していく。そして、その途上に立ちはだかるものは、それが誰であろうとも、一切妥協はしない。真理だけが、唯一の基準であり法なのだ。

このような緊迫感のある講義や議論の最中に、ウィトゲンシュタイン自身がとりくんでいる問題とは、どのようなものだったのだろうか。

とりくんでいる問題が、きわめて難しく、ウィトゲンシュタイン流の解決法はものすごくわかりにくいものだっただけに、この緊張した状態は結果としてはひじょうによかった。けれどもわたしなどは、かれの考えについていくだけで、頭がいつもくたくたになってしまった。二時間の講義というのがわたしの頭のつづく限度だった。

（一七頁）

これも『哲学探究』の内容を思い起こさせるといえるだろう。『探究』を読むと、何が問題になっているのかをつきとめるのに、たいへんな苦労をする。節ごとにそのつど、まず、問題が何であるのかを理解することから始めなければならない。しかし不思議と、ウィトゲンシュタインが格闘している問題が、とても重要な問題であることだけはわかる。難解なだけで内容がない哲学書など山ほどあるのに、この哲学者にかんしては、難解だけれども問題が本物であることはなぜかわかるのだ。

マルコムも書いているように（「ウィトゲンシュタイン流の解決法はものすごくわかりにくい」）、『探究』においても、やっと見つけた問題が解決しているのかどうかが、さらにわかりにくい。ウィトゲンシュタインは、多くの節で、断定を避け疑問文や否定文で終わるからだ。どの文が、ウィトゲンシュタイン自身の積極的主張で、その主張がどのようなものなのか、最後までわからないこともある。

しかし、だからといって、読むに値しない作品だとは、どうしても思えない。不思議なことに。まさに、ここでマルコムによって描かれている講義のように、『哲学探究』という著作も、独創的な天才の仕事であったといえるだろう。

第二章 言語ゲーム

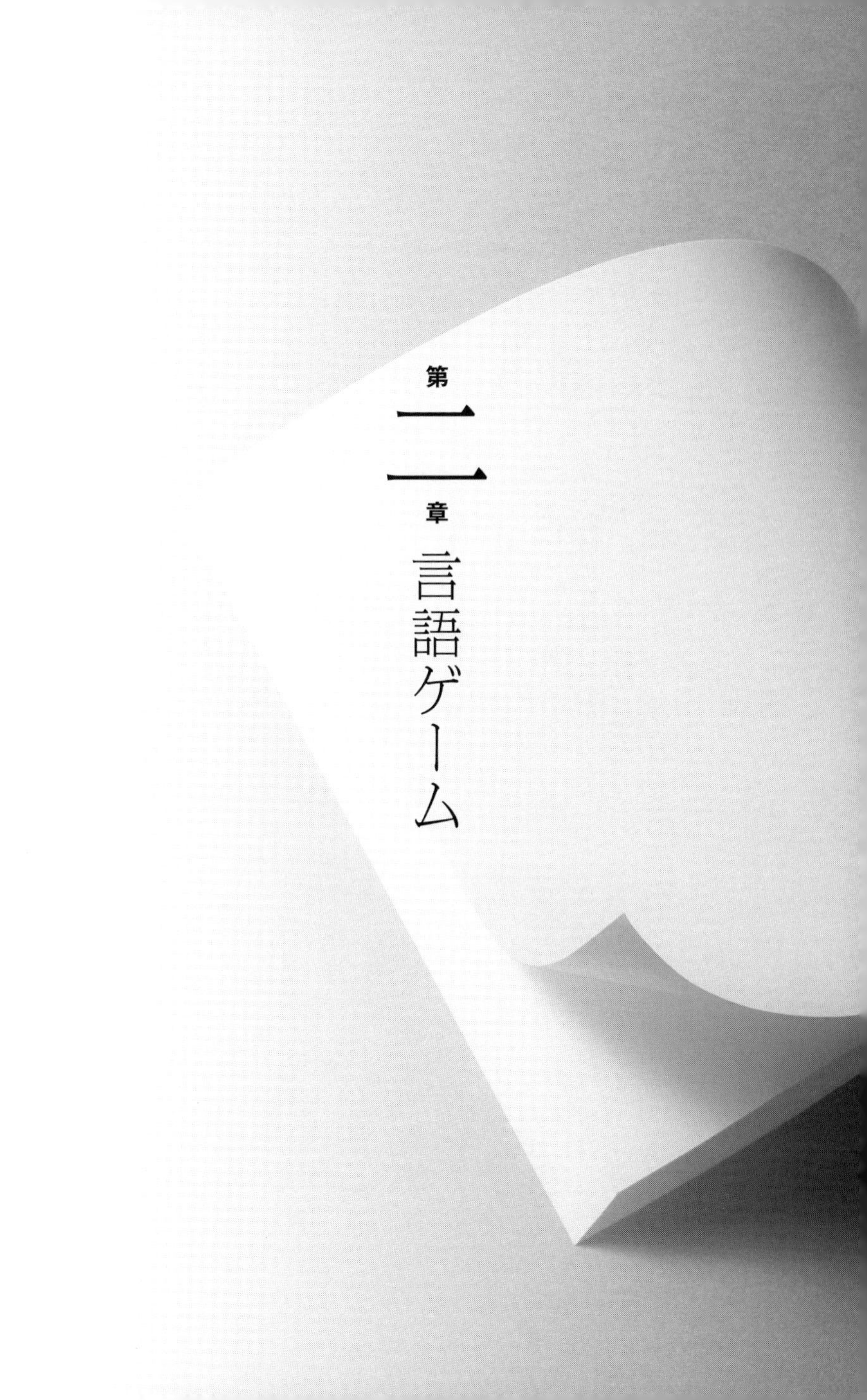

1、Sprachspiel（第7節）

さて、やっと「言語ゲーム」という語が、この『探究』で初めて登場する第7節にたどり着いた。ここでもウィトゲンシュタインは、再び第2節の言語から始める。つぎのようにいう。

第2節の言語を実際に用いる時、一方の側は語を叫び、他方はその語にしたがって行為する。しかし、言語の教育に際しては、つぎのような過程が見られるであろう。教わる者が対象を名ざすということ。すなわち、教師が石を指し示すと、教わる者が、その語をいうということがおこなわれるだろう。——さらに、この場合、教師があらかじめいった語を、そのまま生徒がくりかえすといった、もっと簡単な練習もあるだろう。——この双方とも言語に似た出来事（sprachähnliche Vorgänge）である。（7）

最初に挙げている「一方の側は語を叫び、他方はその語にしたがって行為する」というのは、第三者から見て、このことだけがおこなわれているということだろう。「一方」、「他方」という二人の人間の内部で何が起こっているかは、わからない。確実なのは、「叫び、行為する」という対応関係だけだ。このような対応関係が成りたつには、多くのことが必要だろう。ただ、われわれには、このような対応が事後的に成立したことだけしかわからない。これは、われわれの言語のもっとも原初的な形態だといえるだろう。

さらに、直示的教示においては、「教わる者が対象を名ざすということ。すなわち、教師が石を指し示すと、教わる者が、その語をいうということ」がおこなわれる。このような反応も、成立するまで多くの背景が必要となることは、(先に確認したように) いうまでもない。

このような二つのやりとりを、ウィトゲンシュタインは、「言語に似た出来事 (sprachähnliche Vorgänge)」と呼ぶ。このいい方によってウィトゲンシュタインは、これら二つのやりとりは、たしかに、「言語」と呼ぶには、あまりにも不完全で、その場その場での出来事にすぎない。しかし、言語のあり方のもっとも原初的な、あるいは、原型となるような現象なのではないか、ということをいいたいのだと思われる。これこそが「言語ゲーム」なのだ。つまり、「言語ゲーム」とは、もっとも原初的な、われわれのすべての言語現象の原型となるような言語なのである。

そしてウィトゲンシュタインは、つぎのようにいう。

われわれはまた、第2節における語の使用の全過程を、子供がそれによって自分の母語を学

ぶゲームの一つだと考えることができよう。(7)

ここで注意しなければならないのは、二つ。一つは、ここで初めてウィトゲンシュタインは、言語を「ゲーム」(Spiel) にたとえたということだろう。ただ、われわれが日本語で「ゲーム」というのと、ドイツ語で Spiel というのとでは、かなりニュアンスがちがう (もっと原理的な話をすれば、まったく別の言語体系に属する、まったく別の語である) と思うので、一応確認のために、ドイツ語の Spiel の意味を列挙しておこう。(『独和大辞典』第二版、国松孝二他編、小学館、二〇〇〇年、二一七一頁)

①(一定のルールをもつ) 遊戯、ゲーム、競技、試合、勝負、賭事、賭博、ギャンブル、たくらみ、手のうち

②(a) 遊び、たわむれ、遊戯、簡単〈らく〉にできること、いたずら、冗談、軽はずみな行動〈態度〉

(b) いたずらの対象、玩弄物

(c) (機械の接合部などの) 遊び

③(自由意志をもたないものの不規則かつ無目的な) 動き、戯れ

④（a）劇、芝居
（b）楽曲
⑤（a）（俳優の）演技
（b）（音楽の）演奏
⑥（道具などの）一式、一組、一そろい、セット
⑦（キジ・ライチョウなどの）尾〔羽〕

こうして見てみると、日本語で「ゲーム」という時の意味の広がりと、あきらかに異なるのがわかる。ドイツ語のSpielは、日本語の「ゲーム」などとは比べものにならないほどの幅をもっている。日本語でいうのであれば、「ゲーム」というよりも「遊び」という語の方が、より包摂範囲は近いかも知れない。「言語ゲーム」というより、「言語遊び」の方が、よりニュアンスとしては適切なのではないか（ただ、この語は、日本語としてこなれないし、「ことば遊び」などと訳してしまうと、まったく異なった意味になるから、結局は「言語ゲーム」に落ち着くのだろうけれども）。

それでは、ちなみに日本語の「ゲーム」という語を辞書で調べてみよう。（『明鏡国語辞典』初版、北原保雄編、大修館書店、二〇〇三年、五〇四頁）

①得点や勝ち負けを争う遊び。特に、コンピューター技術を利用した遊び。
②スポーツの試合。

とそっけない。外来語であるから仕方がないとしても、Spielとのちがいは歴然としている。「(純粋な) 遊び、いたずら、冗談、動き、芝居、演技、演奏」などの意味が、ごっそり抜けている。これでは、Spielを「ゲーム」と同じだとはとてもいえないだろう。

このことは、ウィトゲンシュタインの「言語ゲーム」という概念にとってひじょうに重要だ。「言語ゲーム」は、ただのゲームのようなものではない、ということを意識していないと、大きな間違いをおかすことになるだろう。「言語ゲーム」がわれわれの生活の中心に根を下ろしている(ウィトゲンシュタインは「言語ゲームは、生活形式だ」という) のは、このような大きな意味の拡がりがあるからなのだ。われわれの生活に密着した演技や遊び、冗談や芝居のようなもの、ことばを使ったありとあらゆる「動き」を指しているのである。「言語ゲーム」というのは、「ルールがあって、ことばのゲーム的なやりとりをすること」といった意味だけをもっているのでは、けっしてない。

さて、注意しなければならないもう一点。「子供がそれによって自分の母語を学ぶゲームの一つ」といっているところだ。たしかに、第2節においては、建築家と助手の言語は、「完全な言語」として想定されていた。ほかの言語に組みこまれる部分ではない。だが、ここでウィトゲンシュタインは、その完全な言語を「母語を学ぶゲームの一つ」といっている。そうなると、つぎのように解釈するしかないだろう。

どんなに完全な言語であったとしても、他の言語の一部として組みこまれることもある。逆のいい方をすれば、さまざまな言語によって形成されている言語もあり、その一部をなす言語が、それだけで完全なものであることもある、という解釈だ。さらに、この第2節の言語は、「母語を学ぶゲームの一つ」なのだから、母語習得には、いろいろなゲームがあり、そのなかの一つが、このようなやり方をしていると考えるべきだろう。誰もが、このような一対一対応の言語習得をするわけではない。これは、実際の子供の言語習得を観察すれば、誰でも気づくあたり前のことだ。第2節のようなやり方は、ある程度の年齢になって、多くのことを蓄積してからでなければ何の役にもたたない。

ここで、ウィトゲンシュタインは、「言語ゲーム」ということばを提示する。

> わたしは、こうしたゲームを「言語ゲーム」(Sprachspiel)と呼び、原初的な言語も時に言語ゲームということにする。(7)

ウィトゲンシュタインの意図は、もっとも範囲の狭いことばの働きを観察するために、われわれの生活に登場するいろいろな言語現象をモデルとしてとりあげるというものだろう。その際、モデルになるようなものをすべて「言語ゲーム」と呼ぶといっているのだ。

たとえば、われわれの世界に満ちている「風」という現象を理解するために、そのつど「そよ風」や「突風」、「つむじ風」や「向かい風」など、あらゆる風の局所的な現象をモデルにするようなものだろう。狭い範囲での現象を吟味することで、「台風」などの大きい現象も理解できるし、風一般についても、一層理解が深まるというわけだ。風は、われわれ人間には欠かせない。われわれは日々、酸素を吸い二酸化炭素を吐いている。そのことによって、植物群とも不可分の関係を結ぶ。あらゆる場所に浸透していて、他の生物とのかかわりをも媒介する。

言語も同じようなものだ。われわれ人が生きていくためには、どうしても必要で、他の人間とのかかわりや生活のこまごまにいたるまでことばは入りこんでいる。人間である限り、ことばがなくなった生活は考えられない。挨拶、講演、ちょっとした言伝（ことづて）、街の看板、テレビや新聞、チラシにいたるまで、どこでもことばが満ちている。人がいるありとあらゆるところに、「言語ゲーム」は浸透していく。だからこそ、この節の最後にウィトゲンシュタインは、つぎのようにいうのだ。

言語と、それが織りあわされたさまざまな活動との全体をも、わたしは「言語ゲーム」と呼

ぶだろう。(7)

モデルとなるような短い時間、狭い範囲の「言語ゲーム」だけではなく、それら無数のゲームを包括した全言語現象をも「言語ゲーム」と呼ぶといっている。さらに注意しなければならないのは、「それ(言語)が織りあわされたさまざまな活動」という部分だろう。言語だけではなく、言語が織りあわされた活動をもふくむのだ。ことばを発する際の表情や振舞、感情や感覚、こういったもろもろの行為も「言語ゲーム」を形成している。さらに、人と植物が、呼吸と光合成によって一心同体となるように、言語によってわれわれは、多くの存在と密接にかかわりあっていく。動物に話しかけ、石や建築材や、ありとあらゆるものに名前をつける。ことばによって、すべてが結びついているかのようだ。これが「言語ゲーム」なのである。

二、言語ゲームの拡張（第8節）

われわれの言語現象を、どのように探究していくのかというのは、とても難しい問題だ。二点だけ、その難しさを挙げてみよう。

まず、われわれは、自分が日々参加している言語現象を見渡すことができない。言語を四六時中使う存在である限り、どこで何をしていても、ことばにかかわっている。私たちは、いつもすでにことばを使って生きているし、小さい頃から一度もことばのない世界に入ったことはない。もちろん、黙っていることは、誰しもあるだろう。だが、それも「たまたまことばのない状態としての沈黙」（いわば「相対無」）であり、「そもそもことばなどまったくない状態」（「絶対無」）ではない。だから、誕生したとたんに、この世界で否応なく生きているわれわれは、ことばのあり方を外側から眺めたことは、けっしてないといっていいだろう。それに、もし万が一、外側から眺めることができたとしても、言語を適切に吟味するのは、とてつもなく難しい。その吟味する内容もまた当然のことながら、ことばによってつづるしかないからだ。

さらに二点目として、言語は、さまざまな物質にかかわる現実の事象であるにもかかわらず、一見そのようには見えない、ということがあるだろう。われわれは、言語現象を、しばしばその物質的側面を忘れて観念的なもののように思ってしまう。ことばは、音であり文字であり、それが活躍する場は、声帯を震わす二つ以上の肉体による会話であるにもかかわらず、そのような物質的な現象の外側にことばの領域（意味的なもの）があるかのようにわれわれは思ってしまう。たしかに、身体や物質とは異なる純粋な言語の領域はあるだろう。しかし、その領域が、言語のもつ物質的側面にいちじるしく制約されていることを忘れるわけにはいかない。このことが、ウィトゲンシュタインのいう「文法による錯誤」の大きい部分をなす。

この節でウィトゲンシュタインは、第2節の言語を拡張する。果たしてこの拡張は可能なのだろうか。このような拡張をするためには、その対象である言語の外側に立たなければならない。しかし、われわれは、もちろんそのようなことはできない。そもそも「柱石」「台石」などという語は、われわれの通常の言語ゲームのなかからとりだしてきた語である。つまり、この原初的な言語ゲームは、いくら「原初的」とはいっても、もともと現時点でおこなわれている言語ゲームの一部からとりだしてきた語によって成りたっているのだ。したがって、つくられた「原初」だといえるだろう。

このように考えれば、「拡張」とはいっても、最終的にどのような言語になるのかは、わかっていて、その地点から逆算して「拡張」しているとも考えられるだろう。つまり、この第2節の言語ゲームは、原初的な言語ゲームなどではなく、われわれの言語総体の一部であり、予定調和的な出発点と考えられなくもない。もちろん、このような方法しかわれわれにはとれないのだから、それはそれで仕方がないだろう。われわれは、この言語的世界から、どのようなやり方をとったとしても脱けだすことはできないのだから。

それだけで完全な言語といわれた第2節の言語は、四つの名詞によってできあがっていた。その名詞は、具体物を指すものであり、それらの物（台石、柱石、石板、梁石）を運ぶためにもちいられる。物質である音（たとえば「ダイセキ」）と、実際の台石、そしてつづいておこなわれる行為（台石を運ぶ）というのは、自然なつながりがあるように見える。聴覚、視覚、触覚、運動といった、誰によっても確認できる連鎖があるからだ。

ところが、最初の拡張である数詞は、そうはいかない。たとえば「サン」という音を聴覚で受けとめたからといって、すぐに三を視覚でとらえることはできない。三というものは、この世界に、そのものとして具体的には存在しないからだ。

ウィトゲンシュタインは、つぎのようにいう。

第2節の言語を少し拡張して考えてみよう。「台石」「柱石」などの四つの語のほかに、この言語が、第1節で商人が使った数詞のように使われる一連の語系列をふくむものとする（アル

ファベットの文字列でもよい)。(8)

そもそも「台石」や「柱石」といった、具体物に対応する名詞と、何の対応物ももたず、とてつもなく抽象的な数詞とが、同じ言語を構成する同じ種類の語だというのが、根本的に異様だ。どのような経緯で言語が成立したかはわからないので、どう分析すればいいか手がかりさえないけれども、そのような一種類しかない言語というものの性質に、われわれはあまりにも無自覚すぎるのではないか。

語というのは、この世界のあらゆるものを描写するのには、ひじょうに中途半端だ。無限に複雑なこの世界を、雑音になる可能性の高い音声という一律の物質によって表現しようというのが、そもそも間違っている。名詞は音声で、動詞は仕種で、形容詞は絵画で、ほかのものは、すべて文字で、といった方法もありえたのではないか。品詞ごとに描出する方法を変えれば、いくらか誤解も少なくなるのではないか。しかし、同じ品詞だといっても、その内容はさまざまだ。名詞や動詞そのものの種類の多さを考えれば一目瞭然だろう。やはりこのような方法は、荒唐無稽だという以前にあまり役にたたないかも知れない。

この世界をことごとく描写するためには、無限の語が必要になる。だがそれでは、言語が存在する意味(個別の事象の共通の要素をまとめる)がなくなってしまう。言語は、ある種の抽象化によって役にたっているのだから。それに、そもそも無限の語をつくることなど不可能な話だ。やはり、言語が言語である限り、この世界を描写しようとすると、この根源的なジレンマに逢着(ほうちゃく)するのかも知れない。しかし、このような話をするのは、あまりにも先走りすぎだろう。数詞に戻りたい。

　この第8節ででてくる語のなかで、数詞というのは、もっとも抽象的であり、そのため、もっとも具体的な語になってしまう。どういうことだろうか。数は、この世界に具体的なかたちでは存在していない。たとえば「パソコン」といった具体的なものを示す名詞であれば、「パソコン」という語と、実際の物体としてのパソコンという二種類の異なる領域のものがある。この二つのものが対応することによって、パソコン（この「パソコン」が何であるかも問題だが）に対して、いわば、より堅固な手がかりがえられる。ところが数はどうだろう。数詞がなければ、この世界に数は具体的なかたちでは登場しないだろう。数詞という物質（音であり、文字）がなければ、数にかんするもろもろの操作は、まったくおこなうことができない。このように考えれば、数詞というのは、もともと抽象的なものを表現しているという理由で、それ自体が、唯一具体的な手がかりになっているものだといえるだろう。

　ちょっとわき道にそれてみよう。漢数字とローマ数字は、3までは、ある意味で、その性質と対応しているといえる。つまり、「一、二、三」「Ⅰ、Ⅱ、Ⅲ」というのは、その数の性質（1という数を単位としたあり方）をあらわしているといえるからだ。ところが、4以上は、そうではないし、われわれが数学で通常使っているアラビア数字は、そもそも数の性質とはかかわりがない。ただアラビア数字の場合には、たとえば「1257」と「1」とでは、たしかに「1257」の方が、その空間的拡がりからして、数が大きいのがわかる。ようするに10進法の桁というのが、実に見事な記号法だといえるのだ。もし、1をたとえば、「1111」であらわし、1257を「7」であらわすような記号法を想定し、それを現在のアラビア数字と比べれば、その異様さが際立つだろう。たしかに、記号は恣意的なのだから、それに慣れれば何の違和感ももたなくなるにちがいないのだが。

しかし、ある程度は、われわれの数の感覚（数同士の関係）と対応している方が、自然な印象を受けるのは当然だ。ただ、その対応関係の一方が、空間的拡がりである必要はない。もし、空間的拡がりで、すべての語を対応させるとなると、たいへんなことになる。たとえば「宇宙」と「地球」あるいは、「東京」といった語は、それぞれその面積に見合う大きさをもっていなければならないからだ。逆にいうと、まったく面積の異なる対象を同じように一語であらわすことができる言語のすごさも、このように考えるとわかるだろう。どんなに体積があるものでも、どんなに抽象的であっても、どんなに変幻自在なものであろうと、同じように一語であらわすことができるからだ。

こうした観点から、象形文字を見てみよう。「木」「林」「森」という三種類の漢字の連関の見事さは、どうだろう。あるいは、「山」や「川」でもいい。そこには、外界が入りこんでいるかのようだ。しかし、漢字には、象形文字以外にも形声文字や指事文字や会意文字もあるし、もちろん、文字は漢字だけではない。表音文字は、外界の事象とまったく関連性はない。3までの漢数字やローマ数字、そして象形文字のもっている外界との対応を、文字の「象形性」とでも呼ぼう。われわれが陥る錯誤の一つは、この「象形性」のようなあり方を、すべての語がもっているかのように思いこんでしまうことだ。

言語探究のむずかしさの二点目は、この「象形性」にかかわっている。われわれが母語に浸り、長年にわたりそれを使っていると、何回も何十回も使用した語は、その語がもっている音や文字面で、それに対応している現実の事象を指示しているかのような気になってしまう。もちろん、そこにはイメージや具体的な対象が介在している必要はない。「椅子」と書けば、この物質としての文字そのものが、ある種の「象形性」を帯びてしまう。固有名詞は、とくにそうだろう。自分がよく知っている人間の名前は、聞いたり読んだりしただけで、こちらに突出してくるだろう。ただの文字やただの音ではなくなってしまうのだ。誰だって、雑踏で自分の名前が呼ばれれば反射的に振返ってしまう。もともとの「象形性」は、もちろん象形文字がもっている現実とのかたちの類似によって成りたつものであるが、このような母語のもつ強い「象形性」には類似は関係ない。

このような反復による「象形性」の成立によって、われわれは語と現実との対応が、あたかも存在しているかのように思いこんでしまう。これは、言語がもつ物質としてのあり方によるものだ。

音や文字が物質であるために、それがある種の手がかりのようなものになってしまい、他の物質との対応や、観念的世界の実在が保証されているかのような錯覚が生じる。言語も物質として存在し、他の物質と同じ領域にあるのだから、地続きのものとして関係が容易に成りたつということなのだ。その点、数詞や抽象名詞は、その語に対応している具体的な対象がないだけに、より強力な「象形性」をもっているのかも知れない。つまり、具体性と抽象性の二重のあり方が必要になってくるからだ。

さて、『探究』の文に戻ろう。数詞のつぎに、二種類の語が追加される。

> さらに、二つの語があって、それらは「そこへ」と「これ」と聞こえるかも知れない（なぜなら、これらの語は、そう聞こえることで、ほぼその目的が伝わるからだ）、そして、これらの語は、ものを指し示す手の動きとともにもちいられる。（8）

「そこへ」「これ」といった語は、それを発話する人間の位置によって、その指示対象（領域）が異なる。「柱石」のような名詞は、具体的にその対象を指示することができた。数詞は、具体的な対象は存在せず、数学的な領域の関係性のみが観念として存在する（この「存在」という語は、あくまでも純粋な比喩だ）のみである。だからこそ数詞だけが、具体的な手がかりとして、われわれの物質的世界に存在しているといった。それでは、「そこへ」「これ」といった語は、どうだろうか。これらの語は、そのつどその指示対象が変化する。したがって、この語は、その使用場面においてのみ意味をもつ。つまり、文脈に完全に依存する語だといえよう。

さらに最後にウィトゲンシュタインは、色彩語をつけくわえる。

そして、最後にいくつかの色の見本がある。(8)

今度は、色彩語だ。色をあらわす語は、今までの三種類の語とも異なっていることがわかるだろう。柱石や梁石のように、〈色そのもの〉がそれだけで具体的に存在することはない。だからといって、数詞や「そこへ」のように、具体的にはけっして存在しないわけでもなく、文脈にまるごと依存しているわけでもない。実際に色を見ることはできるし、そのつど、その色が変わるわけでもない。ただ、色は、〈色そのもの〉として存在せず、別の物質の属性としてこの場に登場する。ここでいえば、「見本」という、色とは異なる具体的な物質(いわば「支え」のようなもの)が必要なのだ。

こうして、この節における拡張は、まったく(あるいは、微妙に)異なる三種類の語がつけくわわった。そして、つぎのような言語ゲームになる。

Aは、「d－石板－そこへ」といったたぐいの命令を与える。その際、かれは助手に一つの色見本を見せ、「そこへ」という語によって建築現場の一つの場所を指示する。Bは、石板置場から、見本の色をした石板を、アルファベットの文字の「d」へいたるまで一枚一枚とりだし、それらをAの指示した場所へもっていく。――ほかの場合には、Aは、「これ－そこへ」という命令を与える。「これ」によって、かれは一つの石材を指示する、などなど。（8）

このようにして、第2節の「原初的な」言語ゲームが拡張され、あらたなゲームが登場した。第1節のアウグスティヌスの言語観が、こうして、ウィトゲンシュタインによって再構成されたといえるだろう。

「言語ゲーム」のもっとも基礎的な部分を、『哲学探究』の第1節から逐条的に細かく見てきたので、これからは、『探究』の個々の節を少し俯瞰（ふかん）していきたいと思う。

三、奇跡的な習得（第9節）

第9節は、つぎのように始まる。

子供がこの言語を学ぶ時、かれは「数詞」a、b、c、…の列を暗記しなくてはならない。そして、それらの使い方を学ばなければならない。（9）

数詞は、先ほども述べたように、指示する具体的対象をもっていない。したがって、それだけを、まず「暗記しなくてはならない」のである。数詞というのは、語と対象との（擬似的）対応関係によって、その語の場が強化されるような語ではない。したがって、まずは、語（数詞）のみで、いわば場のようなものを開く（数詞＝数の成立）必要があるといえるだろう。だからこそ、ここでウィトゲンシュタインは、「暗記しなくてはならない」といったのだ。暗記しなければ数の世界は始まらないのだから。

しかし、あたり前のことだけれども、暗記したからといって、語として働き始めるわけではない。

数詞として実際に使用されなければならない。だが、この順序は、われわれの日常言語を観察すれば直ちにわかるように転倒しているといえるだろう。われわれは、語を暗記して、つぎにその使用を学ぶわけではない。数詞もほかの語も、言語の実践の場に、すでにいつも登場している。そのなかに、言語ゲームへの新しい参加者である子供たちも否応なく入り、さまざまな語が飛び交うなかで、自然とゲームを身につけるのだ。だから、つぎにウィトゲンシュタインがいう、

——このような教育においても、語の直示的教示がおこなわれるのであろうか。——たとえば、石板が指され、「a、b、c石板」と教えられるのであろうか。(9)

という疑問文は、もちろん否定されなければならないだろう。そのようなことはありえないからだ。われわれの言語共同体では、あくまでも実際の使用のなかで、おのずと「教示」がなされる。だからこそ、つぎにウィトゲンシュタインは、実に微妙ないい方をする。

数詞の直示的教示は、〔たんなる数の教示よりも－引用者補足〕「台石」「柱石」などの語の直示的教示の方により似ているだろう。というのも、数詞というのは、数えることに役だつわけではなく、どのくらいの集まりを目でとらえられるかを示すのに役だつからだ。子供という

のは、こうして、5つや6つの基数詞の使用を最初に学ぶ。(9)

もし、数詞を教えるという事態があったとすれば、それは、たんに数を教えるというよりも、具体的な事物を眼の前にした「台石」や「石板」などの語の教示に似ているとウィトゲンシュタインはいう。というのも、数が通常の言語ゲームにでてくる場面というのは、物を数えるというよりも、一目見てそこにあるものがいくつあるのか見当をつける場合が多いからだ。だとすれば、子供は、「1、2、3、…」と数えることを最初に学ぶのではなく、「5つ」「6つ」といったもっともよく使われる数詞を最初に学ぶ(というより「聞く」)だろう。つまり、数詞の教示というのは、自然数を1から順序よくなされるわけではなく、日常もっともよく使われる数からなされるというごくあたり前のことをいっていることになる。われわれは、数だけを特別に教わったわけではなく、具体的な使用の現場において自然に数詞が使われる場面にたまたまでくわすだけなのだ。

「そこへ」や「これ」という語は、どうだろうか。ウィトゲンシュタインは、つぎのようにいう。

> 「そこへ」および「これ」も直示的に教示されるのだろうか。――どのようにしてこれらの語の使用を教えることができるのか、思い描いてみよ。その時、場所やものが指示されるだろう、――しかしその場合、この指示は、語の*使用*に際してもおこなわれるのであって、使用の学習

に際してだけおこなわれるのではない。(9)

ここでは、実際の使用と、このような語の学習があきらかに同じであると指摘されている。「そこへ」や「これ」を教示する際には、どうしても、具体的な空間や具体物に手がかりを求めなければならない。しかし、そのことは、実際の言語ゲームでも同じことなのだ。もともと「そこへ」や「これ」は、何も指してはいない。この語は、何も指示していないからこそ、言語使用の場で、何かを指示できる語となる。「わたし」や「あなた」といった人称代名詞と同じように、具体的に誰とはいえないからこそ、そのつどの誰かを自在に指示することができるというわけだ。ようするに、特定の対象を指示しているわけではなく、ひたすら指示だけをしている語といえるだろう。

この語を直示的に教示するとは、どのようなことを意味するのであろうか。これらの語には、具体的な手がかりは何もない。したがって、「そこへ」や「これ」がたまたまその時指している対象を使って教えるしかないだろう。しかしそれは、まさに私たちが普段の言語ゲームで、「そこへ」や「これ」を使っておこなっていることではないか。「そこへ」や「これ」は、〈指し示す〉ということしかできない語なのだから、通常の言語行為においても、何か具体物をかならず指示することによって、その語の意味を、いわば充填(じゅうてん)する。だがこれは、まさに「そこへ」や「これ」のそのつどの教示以外の何ものでもない。別のいい方をすれば、「そこへ」や「これ」を、実際の使用から離れて直示的に教えることなどできないということだ。それでは、そもそも「そこへ」や「これ」の使い方を、われわれはどのようにして習得するのだろうか。

直示的教示のところですでに述べたように、たとえば、手元にある本を指して「これ」と誰かがいう時、そのことがこちらに何を伝えようとしているのか、どのようにしてわかるのか。けっしてわからないだろう。その指さす姿勢か、「これ」という音声なのか、指先そのものなのか、指の先にある空間なのか、それとも物なのか、けっしてわからないからだ。さらに、「これは本だ」といったところで、事態はまったく変わらない。「これ」や「本」という語をすでに知っている者でなければ、そこに何も読みとれないからだ。ということは、「これ」や「本」の教示がなされるためには、「これ」や「本」が既知でなければならないということであり、それはつまり、結局のところ、改めておこなわれる出発点としての教示という行為は、根源的に不可能だということになるだろう。教える当のものを教えられる者が、事前に知っていなければならないのだから。

しかし、この根底にある矛盾は、実践的な言語行為においては、自然と解決されてしまっている。つまり、われわれの語の習得は、改まった直示的なものなどではなく、事前の準備なく実際の使用に参加することによって、おのずとなされるものだということだろう。そしてわれわれは、「そこへ」や「これ」という語をいつのまにか〈結果として〉使えるようになっていく。極端ないい方をすれば、〈奇跡的に〉習得はなされるといえるかも知れない。こうして、何の先入見もなしに語の習得という場面を観察すれば、そこには「意味」も「指示」も「直示」もなく、ただ具体的でそのつどの使用の蓄積、そしてその蓄積による習得〈した〉いう過去形の事態だけがあるといえるだろう。

四、「名ざす」と「あらわす」（第10節、第13節）

今までの節では、語と対象との対応が批判されてきた。たしかに具体的なものをあらわす語であれば、一見、対象を指示しているように思われる。しかし、それは、他の種類の語にはけっしてあてはまらない。数詞や「これ」「そこへ」といった語は、何かを指しているわけではないからだ。そのような批判を受けて、この節では、あらたに「あらわす」bezeichnenという動詞が登場する。「あらわす」といういい方にすれば、語と対象との関係がそれほど強調されないというわけだろう。これまでは、語と対象とのかかわりをあらわす動詞は、「名ざす」benennenだった。確認してみよう。

まずは、第1節。冒頭のアウグスティヌスの引用の直後だ。

これらのことばのうちには、人間の言語の本性にかんする特定のイメージが与えられているように思われる。すなわち、言語にふくまれている一語一語が対象を名ざす（benennen）――文章というのは、そのような名ざし（Benennung）の結合である――というのだ。（1）

第7節を見てみよう。

　第2節の言語を実際に用いる時、一方の側は語を叫び、他方はその語にしたがって行為する。しかし、言語の教育に際しては、つぎのような過程が見られるであろう。教わる者が対象を名ざす（benennen）ということ。すなわち、教師が石を指し示すと、教わる者が、その語をいうということがおこなわれるだろう。（7）

　こうして、振り返ってみると、アウグスティヌスの言語観、そしてそれにもとづいた第2節の言語の根幹をなすのが、この「名ざす」という動詞であることがわかるだろう。そして、ウィトゲンシュタインは、このような言語観をさまざまな角度から攻撃した。この攻撃によって後退した、この言語観（の所有者）は、この節で、「あらわす」bezeichnenという動詞を登場させることにより、語と対象とのあらたな可能性を示そうとするのだ（もちろん、これは、ウィトゲンシュタインの自作自演であるけれども）。語が、対象を「名ざす」benennenというのは、さすがにいいすぎだ、しかし、語が何かしらを「あらわし」bezeichnenているのはたしかだろう、そうでなければ、語は何の働きもしていないことになるではないか、というわけだ。

しかし、ここで問題になるのは、ドイツ語の動詞の意味のちがいだ。ドイツ語における、これらの語の使い方がテーマになっているのだから。たしかに、この二語に対応する語は、日本語にも見いだせるかも知れない。しかし、ウィトゲンシュタインの立場からすれば、この benennen と bezeichnen という動詞が、ドイツ語という文脈で、実際どのように使われるかに目を向けなければならない。だから厳密には、日本語で、この二つの動詞のちがいについて論じるのは無理があるということになるだろう。そうなると日本語でできることは、ドイツ語も日本語も「言語」という大きな枠組みのなかにあるということをもとにして、日本語という言語ゲームのなかで類推していくことしかない。

そのような類推作業の第一歩として、まず、それぞれの動詞のドイツ語の意味を『独和大辞典』で見てみよう。

benennen：①名づける、命名する、名を言う　②名ざす、指名（指定）する

bezeichnen：①しるしをつける、表示する　②示す、指示（指定）する　③表す、意味する、（…の）特徴を述べる　（『独和大辞典』第二版、国松孝二他編、小学館、二〇〇〇年）

多くの意味を共有しているように見えるこの二つの動詞だが、ある種の方向性のちがいも見てとれるだろう。benennen の方は、どちらかといえば、名ざされる対象側に焦点があり、bezeichnen の方は、あらわす記号の方に焦点があるように思われる。大雑把な対比だけれども、日本語でいえば、「名前」と「記号」との関係に似ているといえるのではないか。というのも、「名前」は、かならず何かの名前であるのに対して、「記号」は、それだけで独立して使用されるからだ。(もちろん「記号」が、ある特定の対象を指すこともちろんあるけれども) このように考えれば、benennen は、どちらかといえば、「名前」的なあり方であり、bezeichnen の方は、「記号」的なあり方を指向しているといえるかも知れない。しかしこれは、日本語を母語とする者の勝手な類推にすぎない。完全に的外れである可能性もある。

さて、具体的にウィトゲンシュタインの文章を見てみよう。

それでは、この言語における語は、何をあらわしている(bezeichnen) のだろうか。——これらの語が何をあらわしているのかということを、それらの語がどう使われるか、ということに着目する以外に、どうやって示すべきだろうか。これらの語の使われ方については、すでに記述した。そうだとすると、「この語は、これをあらわしている」という表現は、この記述の一部でなければならないだろう。あるいは、この記述は、「…という語は、…ということをあらわす」という形式になるべきなのだ。(10)

この言語というのは、第8節で拡張された言語である。四つの語と数詞、そして「そこへ」「これ」という語によってできあがっている言語だ。そして、これらの語が、「あらわし」(bezeichnen)ているのは何か、とウィトゲンシュタインは問う。先にも述べたように、これは、語であればかならず「名ざす」(benennen)などとはいえなくなったため、今度は、「あらわす」(bezeichnen)という動詞で、語の働きを示そうとしていることになるだろう。

その仮想敵に対してウィトゲンシュタインは、語が何をあらわすかは、実際のその語の使用の現場でなければ示されないという。それはそうだろう。語は、それが実際使われている場において生命をもっている。もし、その語を実際の使用の現場から切りとってしまえば、そのもともともっていた命は息絶えてしまう。語というのは、使用されなければ登場しないのだから、つねに、どのような語であれ、現実の使用に着目しなければならない、というあたり前の結論になるだろう。

ただいくつかの問題がここにはある。まず、もし使用を原理的に重視するのであれば、日常の使用の現場から切りとって、その語を論じる場においてもまた、別の生命がその語に付与されるだろう。そうなると、もともとの使用の現場における生命を論じることはたいへん難しくなる。〈使用そのもの〉という生き物をわれわれが無傷でとりだすことができるのか、とりだすことができたとしても、それをどう論じるかという問題だ。

さらに、第8節の言語においては、bezeichnen（あらわす）などという語は、当然のことながら存在しないという問題もあるだろう。もし、語が使われることによって、その〈意味のようなもの〉が示されるのであれば、原初的な、しかし完全な言語において使われてはいない（存在していない）語について論じることは、そもそもできないのではないか。実際に使用されている語についてであれば、その使われる現場を観察すれば、何かわかるだろう（それも、本当は難しいと前段落で指摘したけれども）。しかし、その語の働きについて、その言語のなかには存在しないbezeichnen（あらわす）という動詞を使って検討するということは、できないのではないだろうか。

たしかに、ドイツ語においては、bezeichnen（あらわす）という動詞がある。そして、この動詞は当然のことながら具体的な用法をもつ。しかし、そのような動詞の痕跡すらまったくない、この第8節の言語において、そもそもbezeichnen（あらわす）について議論できるだろうか。だからこそウィトゲンシュタインは、もしbezeichnen（あらわす）という、われわれの言語（ドイツ語）において使われている動詞があらわす事態が、この言語でも起きているのであれば、第8節の記述のなかにふくまれていなければならないというわけだ。

そのように考えれば、第8節の記述にbezeichnen（あらわす）についての記述がふくまれるのであれば、「この語はこれをあらわしている（bezeichnen）」という表現になるだろう。あるいは、「…なる語は、…をあらわしている（bezeichnen）」というものになるだろう。しかし、第8節の語は、「台石」などの四つの語と、数詞（a、b、c、…）と、「そこへ」「これ」だけだ。したがって、最初の空欄に入る語は、「台石」でも何でもいいだろうが、二番目の空欄に何が入るか（「これ」以外に）は疑問だといわざるをえない。つまり、あくまでも、第8節でなされたこの言語の使い方の記述のなかに、bezeichnen（あらわす）はまったく登場していない。しかし、あえてbezeichnen（あらわす）という概念を導入するのであれば、今述べたような形式にならざるをえないというわけだ。

そして、ウィトゲンシュタインはさらにつぎのようにいう。

ところで、「石板」という語の使用の記述を短縮すれば、その語はこの対象をあらわすと人がいっている、ということになろう。（10）

第8節の言語においては、「石板」としかいわれない。しかし、もし「石板」ということで、何かを「あらわし」（bezeichnen）ているのであれば、「石板」と人がいう時、それは「この語は、かかる対象をあらわしている」といっていることになる、とウィトゲンシュタインはいうのだ。しかし、この言語ゲームにおいては、「石板」という語は、「それをもってこい」あるいは「もってい け」という意味（という言い方は危険であるが）しかもってはいない（われわれの言語に無理に翻訳すれば、の話であるが）。

もっと厳密にいうと、「石板」という語は、この言語ゲームにおいては、「石板」でしかない。それ以外の含意（という言い方も危険だが）はない。そして、その音声を誰かが発すれば、それを聞く者が、石板をもちはこぶだけなのだ。「石板」という語は、われわれが通常おこなう、いわば冗長な言語ゲームにおいては、「石板をもってこい」と翻訳されるかも知れないけれども、だが、それはあくまで翻訳にすぎない。第2節、第8節の言語ゲームにおける「石板」は、われわれの言語ゲームの「石板をもってこい」ではない。

このように考えれば、bezeichnen（あらわす）という語は、この建築家のゲームとは異なるゲーム（ドイツ語という言語ゲーム）における語なのだから、このやや簡素な（しかし、完全な）ゲームにおいて、何がしかの意味をもっているとは考えにくい。さらにウィトゲンシュタインはつぎのようにいう。

そのように短縮するのは、たとえば「石板」という語はわれわれが実際に「台石」と呼ぶかたちの石材と関係している、という誤解をとりのぞく時ぐらいだ。(10)

もし、無理に bezeichnen（あらわす）という語を、この言語ゲームに導入するのであれば、そのゲームに習熟している者にある種の誤解があり、それを他のゲーム参加者が指摘する時ぐらいだとウィトゲンシュタインはいう。つまり、先述したように、この原初的ゲームにおいては、日常的場面では、bezeichnen（あらわす）などという事態は存在しない。あえていうならば、誤解している者がいて、その誤解をただす時くらいだというわけだ。ということは、われわれの言語における bezeichnen（あらわす）とは、まったく別物だといっても過言ではないだろう。通常の bezeichnen（あらわす）は、そのような例外的事態にだけに対応する動詞ではないのだから。

だから、ウィトゲンシュタインは、つぎのようにいう。

> ところが、こうした「関係」のありよう、すなわち、「石板」と「台石」という語の使用は、それ以外の場合は知られている。(10)

この「関係」は、ウィトゲンシュタインが強調していることからもわかるように、二重の意味がある。一つには、語とその語がかかわっている（benennen ではなく、bezeichnen というやり方で）ものとの関係のことを意味しているのだろう。「石板」という語が、「台石」と呼ばれる石材を指しているという誤解をただす以外は、この関係には何の問題もおこらない。この関係のあり方は、この言語ゲームに参加する誰もが心得ているというわけだ。

しかし、「こうした『関係』のありよう」を、「すなわち」という語で、「これらの語（複数）の使用」といいかえる点で、「関係」の第二の意味の可能性がでてくるだろう。ここで「これらの語」と複数でいっているということは、（この文脈では「石板」と「台石」だが、この言語ゲーム全体では）「石板」「台石」「柱石」「梁石」の四語を意味する。これらの語の使い方、すなわち、この言語ゲームで、これらの四語がどのように使われるかということだろう。そうであれば、この「関係」とは、これら四語の使用の現場でのさまざまな関係だといえるのではないか。そしてウィトゲンシュタインはおそらく、第二の意味へ目を向けさせるために、この語（「関係」）を強調したのではないのか。

それぞれの語が、その指示する対象とどのような関係をもっているかどうかはわからない。しかし、言語ゲームが滞りなく進行するのであれば何の問題もない。そしてその際、実際の使用の場面で、四つの語が間違われることなく使われていればいい。そのような語の使用を、参加者は無意識におこなう。そして、そこにほかの参加者とは、異なる語の使い方をするものがでてきた場合には（たとえば、誰もが「台石」という時に、その者は「石板」という場合）、「あらわす」（bezeichnen）という語を使うこともあるだろう、ということである。言語ゲームの現場で何か齟齬（そご）が起きた場合に、通常はまったく問題にならない「あらわす」という関係をもちださざるをえなくなるというわけだ。つまり、「あらわす」という動詞で、すべての語の働きを説明することなどまったく無意味だということになるだろう。

だからこそ、ウィトゲンシュタインは、第13節でつぎのようにいう。

> 「この言語のあらゆる語は、何かをあらわす（bezeichnen）」とわれわれがいったとしても、さしあたり、そのことによって、まだなにごともまったくいわれてはいない。むろん、われわれが、どのような区別をしたいかをはっきりと説明したのであれば別であるけれども。（13）

「すべての語は、何かを「あらわす」（bezeichnen）」などといっても、それは何もいっていないに等しい。「どの語も、言語として、ある種の働きをしている」というのと一向に変わらない。あたり前のことであるし、そんなことをいっても、まったく無意味だ。もし「あらわす」という語に何か特別の意味を与え、語のなかに区別を設けようとするのであれば別である。「あらわす」というのは、具体的対象とかかわりのある語だけの働きであり、ほかの語はこの働きをもたない、といった区別をするのであれば、「あらわす」という語には意味があるだろう。

ウィトゲンシュタインは、この節において、語には種類があり、その種類によって、その働きは歴然と異なるのであって、同じ言語に属する語だからといって、何か共通の性質をもっているわけではない、というごくあたり前のことを指摘した。ごくあたり前だからといって、われわれがそのことをつねに心得ているわけではない。しばしばわれわれが、このことを忘れてしまうことを指摘したのである。したがって、「名ざす」という動詞を使って言語の性質を指摘する考えから、「あらわす」という動詞を使って、語の共通の性質を表現するという試みも無意味であることが、ここで示されたことになるだろう。

五、道具箱（第11節、第12節、第14節）

これまで第1節から述べてきたことの一つの道筋の結論が、この第11節と第12節において書かれている。

最初に第11節すべてを引用しよう。

道具箱に入っているいろいろな道具を思い浮かべてみよ。そこには、ハンマー、ペンチ、のこぎり、ドライバー、ものさし、にかわ壺、にかわ、くぎ、ねじがある。――これら道具の働きがさまざまであるように、語の働きもさまざまだ。（それぞれの働きには、似たところもある）

もっとも、われわれを混乱させるのは、いろいろな語が、話されたり書かれたり印刷されたりしてあらわれる時に、そのあらわれる姿が一様なことだ。というのも、これらの語が、どう使われるかは、われわれにはそれほどあきらかではないからである。とりわけ、われわれが哲学しているときはあきらかではない。（11）

同じ道具でも、その使い方はまったく異なる。ハンマーとペンチの使い方、のこぎりとドライバーの使い方のちがいは一目瞭然だ。のこぎりの断固とした使い方（容赦なく切断する）は比類がない。また、ものさしの使い方は、他の道具とはかなり異なっているだろうし、にかわもまたそうである。ちがいだけではない。くぎとねじの使い方の近さや、にかわとにかわ壺の関係の親密さは、どの道具間の関係より勝っている。また、ハンマーとくぎ、ドライバーとねじなど深いかかわり（不可分といってもいいくらいの）がある道具もある。われわれが日常何気なく使っている「同じ」道具でも、このように複雑な関係と、それぞれの使い方の独自性をもっている。

これと同じように、あるいは、これ以上に、われわれの使っている多くのことばのあいだには、ひじょうに複雑でさまざまな側面をもつ関係性の網の目があり、個々の語には、限りなくこまかい特徴があるだろう。品詞の分類だけでも錯綜しているのに、個々の語のもつ無限の側面に着目すれば、語の働きの多層さは眼を見はるばかりである。

そして、ここでウィトゲンシュタインが指摘している語の「一様性」が、文法による錯誤の罠をわれわれにしかけてくる。にかわとのこぎりが「同じ」道具だからといって、のこぎりで何かと何かを接着することはできないし、にかわによって切断はできない。しかし、われわれは、「机」と「心」は、同じ語だから、あるいは、「食べる」と「美しい」と「しかし」は、「同じ」語なのだから、それぞれ同じように、何かしら対象を指示しているにちがいないなどと思ってしまう。

さらに、第12節はどうだろう。

それは、ちょうど機関車の運転席をのぞきこむようなものだ。そこには、いろいろな取っ手があり、程度のちがいはあれ、いずれも同じように見える。（それらはすべて手でつかむものだから、そう見えるのは当然だ）しかし、あるものは、クランクのハンドルで、これは連続的に位置が変えられ（それは通風弁の開閉をコントロールする）、あるものは、スイッチであり、オン、オフのいずれかだ。ほかにも、強く引けば引くほどブレーキがしっかりかかるブレーキレバーもあれば、押し引きしなければ、働かないポンプの取っ手もある。(12)

この第11節と第12節の例のだし方が、いかにもウィトゲンシュタインらしい。語の使われ方の多様さをいうために、こまかい段階をふんでいる。まずは、第11節の道具の多様さ。これは、さまざまな語の多様さに対応しているだろう。さらに第12節では、同じ一つの「取っ手」という語だけをとりあげることにより、一つの語の多様さに焦点が絞られていく。

さらに語全体と一つの語のあいだに、品詞というのを入れてもいいかも知れない。「食べる」と「できる」は同じ動詞だから、同じように知覚できる行為のことだと思ってしまう。あるいは、

「存在」と「建物」が、同じ名詞だからといって、「存在」を「建物」と同じように具体的に知覚できるとは誰も思わないだろう。しかし、「存在とは何か？」という問には疑問をいだかない。「建物」は、実際に存在しているのだから、それが何であるかわれわれは、確認できる。それと同じように、「存在」についてもたしかめることができると思ってしまう。

それは、語が、同じ一様なあり方をしているからだ。「建物」がどのような文脈で登場し、「存在」が日常の場面でどう使われるか（あるいは、そもそも使われないか）といったことを失念し、つい「存在とは何か？」という問をたててしまうのだ。特に哲学をする時そうだとウィトゲンシュタインはいう。

さらに第12節の例になると、同じ一つの語でも、同様のことがおこってしまうというわけだ。「取っ手」という語が、同じ一つの語だからといって、いろいろなところにある実際の取っ手がまったく同じものだとは限らない。同じ「取っ手」でも、かなり異なった用途があるし、まったく異なったかたちもしている。このように考えると、語が「一様」であること、あるいは、同じ一つの語であることは、多くの錯覚をわれわれにおこさせるということがわかるだろう。語と対象とは、何ら対応してはいない。

道具については、第14節でつぎのようにいう。

「すべて道具は、何かを変えるのに役だつ。たとえば、ハンマーはくぎの位置を、のこぎりは板のかたちを、といったぐあいに」と誰かがいったと考えよ。――すると、ものさし、にかわ壺、くぎは何を変えるのか。――「あるものの長さにかんするわれわれの知識、にかわの温度、箱の固さを変えるのだ」――このように表現を同じものにしたからといって、何か得られたことになるのだろうか。(14)

同じ「道具」であれば(あるいは、同じ「道具」といういい方をしているのだから)、同じ使い方をするという前提のもとで、「何かを変える」という概念規定をしたとしても、先の例に示された道具箱のなかのわずかな道具でさえも、その概念規定にはおさまらない。ものさし、にかわ壺、くぎにかんして、とってつけたようなおかしな説明をせざるをえなくなる。これは、前節とまったく同じだ。語の働きを「あらわす」といういい方で統一したところで、何もいっていないことになるのと同じである。

そもそも「道具」という同じ「語」だから、といったところで、その使い方や働きは、けっして同じではない。それぞれの道具や語が、あらわれるそのつどの場面で、どのように使われているのか、実際に見てみなければわからないのだ。

ここでは、「言語ゲームの多様性」はもちろんのこと、「語の意味はその使用である」というテーゼ、あるいは、「家族的類似」という概念のあり方などが、すでに語られているようだ。少なくとも、それらを語るための伏線ははられているといってもいいだろう。

六、生活形式（第18節、第19節、第20節）

原初的で完全な言語ゲームとは、どのようなものなのか。「生活形式」という語の登場する第19節もふくめて考えてみたい。

「言語ゲーム」とは、第7節で説明されたように、母語を学びとるゲームであり、原初的なゲームであり、さらに言語活動全体でもあった。ようするに、複雑で多様な言語活動のさまざまな側面を、ウィトゲンシュタインは「言語ゲーム」と呼ぶといっていいだろう。第18節では、こうした言語ゲームの多様性について語られる。

つぎのように始まる。

第2節と第8節の言語が命令だけでできているからといって、気にしてはいけない。それを理由に、これらの言語が完全ではない、といいたければ、われわれ自身の言語が、完全かどうか、――化学記号や微積分学の記号がくわわる前に、われわれの言語は完全だったのかどうかを自問してみよ。(18)

まずは、言語の「完全性」の問題だ。ウィトゲンシュタインが第2節で考えた原初的な言語ゲームは、「完全で原初的なゲーム」だった。ウィトゲンシュタインが「言語ゲーム」という時、われわれが通常「言語」と呼ぶものより簡素であったり語彙が少なかったりしても、いずれも「完全な言語ゲーム」なのである。それはなぜだろうか。われわれは、つねに「言語ゲーム」のなかにいる。その全体がどのようなものなのか、などという疑問は普段はいだかない。日々言語活動しているだけだ。そのようなあり方をしているわれわれに、自分が内在しているゲームが「不完全」だと判定できる視点はどこにもない。

もちろん、そのような状態からは、そもそも「完全」などという概念自体が生まれてこない。そういう意味でウィトゲンシュタインは、「完全」だといっているのだ。つまり、言語ゲームの内側にいて、ことばのやりとりをしているわれわれには、その言語ゲームが、どのようなものであろうとも、それはそれで「完全」なのだ。比較する地点がどこにもなく、したがって、今営まれている「言語ゲーム」の状態に「過不足」など、そもそも（可能性として）ないのだから。

化学記号や微積の記号などは、われわれの言語をもとにできあがった。これらの記号体系がもしなかったら、われわれの言語は「完全」だったといえないのかとウィトゲンシュタインはいう。もちろん、「完全」だったといえるだろう。あるいは、「完全」などという概念自体が、言語のあり方にかんしては不適切だということになるかも知れない。論理学でも、物理学でも、ほかのさまざまな分野においても、あらたな領域がつくられると、つぎつぎと新しい記号や体系が、既存の言語に、いわば増設されていく。どこまでいっても、「完全」といういい方はできないし、だからこそ、いつでもそのままで「完全」だといえるだろう。そして、この「完全性」を保証するのは、現時点で、その言語によるゲームが、何の支障もなく進行しているということにつきる。

このような観点にたてば、どんな範囲であろうが、語彙数が少なかろうが、どれほど文の種類が限定されていようが、どのような言語活動であっても、「言語ゲーム」ということができ、その結果、多くの言語ゲーム同士が、多層をなす複雑な関係をもつことになるだろう。われわれの日常使っている言語を基盤にして、たとえば数学の体系があり、そのなかに微積分や論理学（数学基礎論）の体系も組みこまれている。数詞を使う言語ゲームであれば、数学の体系と重なりあい、論理学と言語学も共通部分をいくらかもつ。こうして「言語ゲーム」の（一時期流行った懐かしいいい方を使えば）「リゾーム」ができあがるのだ。このような「言語ゲーム」群（もちろん、この「群」自体も一つの巨大な言語ゲームなのだが）には、鮮明な境界はなく、「言語」という概念を共有しているからといって「一様」なわけではない。

こうして、一言語ゲーム内での「語」の「非一様性」（語の種類が数多くあること）が、「言語ゲーム」間の「非一様性」へと拡大される。このあり方によって、いずれも、同一の概念（「道具」「語」「言語」）が、一様であり、その概念に包摂されるものは、まったく同じ性質をもっているはずだという考えが否定されるのだ。

ウィトゲンシュタインは、先の引用につづけて、このことをつぎのようなわかりやすい例で説明する。

> なぜなら、これらの記号体系〔化学や微積分の記号体系―引用者〕は、いわば、われわれの言語の郊外になっているからだ。（どれくらいの家や街路があれば、都市といえるのだろうか）われわれの言語を、古い都市とみなすこともできる。路地や広場、古い家や新しい家、さまざまな時代に増築された建物などからなる、一つの多様な集合体が中心にあり、その周りを整然とした直線道路と同じような住宅ばかりの多くの郊外地がとりかこんでいるような古い都市とみなせるだろう。（18）

計画的につくられた「ニュータウン」であれば（しかも、建設されて間がないならば）、公園や学校などがどこにあるか探すのは楽だろう。ところが、古くからの都市は、そうはいかない。入りくんだ街路や迷路のような住宅地、突然あらわれる商店街や見通しのきかないたてこんだビルなど、息をしている有機体のように錯綜しているだろう。もし、言語が、その核の部分にこのような

「古都」をふくんでいるのであれば、言語そのものを、「一つの同じ言語」あるいは「言語体系」といった概念で理解するのは危険だ。

「一つの同じ言語」や「言語体系」というのは、公理系のようなつくり方をされた「ニュータウン」にこそふさわしい。はっきりした境界はなく、増殖し変容する本物の言語は、さまざまな「言語ゲーム」群の複雑な関係性からなる多様体としてとらえなければならないだろう。日々使われている「言語ゲーム」の細かく入りくんだ路地を一つひとつ調べなければ、そのあり方はわからないからだ。これが、ウィトゲンシュタインの『哲学探究』における基本的な言語観である。

それでは、「生活形式」という概念が登場するつぎの節に移ってみよう。第19節は、このように始まる。

> 戦争の最中に命令と報告しかない言語を想像することはたやすい。——あるいは、問いかけだけからできている言語、肯定と否定の表明だけからできている言語を想像するのもたやすいだろう。ほかにも無数に同じような言語が考えられる。——こうして、一つの言語を想像することは、一つの生活形式を想像することに他ならない。（19）

ここでいわれていることは、われわれの生活のさまざまな側面での言語活動であろう。しかも、そのごく限られた局面での言語活動を、それぞれ「完全な」言語ゲームとして考えている。戦闘の真最中には余計なことは話せない。おのずと、命令と報告だけの言語ゲームが生じる。あるいは、問いかけだけでできている言語、肯定・否定だけの言語など、さまざまな人間の活動（または、そのような人間の共同体）が想定されるだろう。われわれは、一様な言語活動をつづけているわけでもないし、ほかの言語活動を想像することもできる。このように考えれば、ウィトゲンシュタインがいう「言語ゲーム」というのは、そのつどのある種の形式の発生によって成立するものと考えていいのかも知れない。

われわれの言語活動を、ウィトゲンシュタインはつぎのように考えていたのかも知れない。ことばを使う生命体としての人間は、言語という広大な範囲をもつゲームをおこなう。そして、そのゲームのなかで、さまざまな種類のゲームが時々刻々なされている。たとえば、とてつもなく大きい競技場のなかに人間が大勢いて、ある場所では野球を、別の場所ではサッカーを、室内競技場では、相撲、剣道、空手を、付設されている屋内では、囲碁や将棋やオセロを、競技場の端では、かくれんぼやじゃんけん、凧揚げやいい争いをやっている。それぞれの人間は、一つの競技だけではなく、好きな時に別の競技に移っていく。あるいは、その場で新しいゲームをつくったりもする。ただ、人間である限り、競技場そのものからでていくことはできない。

このように考えれば、この競技場では、それぞれの競技や遊びの「形式」が、そのつどその場で成立していて、人々は、その「形式」をその場で習得して、つぎつぎとゲームに参加していくということになるだろう。このような競技や遊びのやり方こそが、「生活形式」といわれるものだ。まずは、ルールややり方があり、そこにわれわれは参加する。われわれ自身に、特定の意図があるわけではない。このようなゲームに参加しない限り、自分自身の考えや欲求を事後的に実現することはできない。最初に「ゲーム」そして「形式」ありき、ということになるだろう。

「生活形式」というのは、何も、大げさなことをいっているわけではない。戦争中の「命令・報告ゲーム」でさえも、「生活形式」(Lebensform) なのだから、もともとのドイツ語の意味、「生きている (Leben) 時のかたち (Form)」とでもいうべきものである。われわれが、言語を使い生活している時は、かならずある枠組やかたちの拘束のもとに行為し生きていく。その「枠組」や「かたち」が、「生活形式」であり、それは、どのような限られた場面においても、独自のものが成立している。別のいい方をすれば、われわれの言語生活には、まずは、「かたち」がある。その「かたち」にそって、意思の伝達や意味の喚起がおこなわれるのだ。けっして、その逆ではない。

両親と話す時と配偶者と話す時は、その「かたち」がちがうだろうし、自分の子供と話す時と、授業で生徒や学生と話す時も「かたち」があきらかにちがう。会議の時の「かたち」と商店街でのやりとりの際の「かたち」が異なるのはいうまでもない。地方出身者であれば、故郷に帰った時と東京の仕事場では、ことば自体もまるっきりかわってくる。もちろん、先述したように、はっきりした境界はないのだから、これらの「生活形式」は、「古都」のように複雑に絡まりあっているだろう。いろいろな模様や色でできている深みのあるタペストリーのようなものだ。

さらに、ウィトゲンシュタインは、言語ゲームで使う語の「形式」にかんしてつぎのような議論を始める。

第2節の例にあった「石板！」という叫びは、文なのだろうか、それとも単語なのだろうか。——単語であったとしても、われわれの日常言語で同じように発音される語と同じ意味をもってはいない。なぜなら、第2節ではそれはまさに叫び声なのだから。だからといって、文であったとしても、われわれの言語において省略された「石板！」という文ではない。(19)

そもそも、第2節の言語においては、単語や文という区別はないだろう。四つの単語（ただし「単語」というのは、あくまでもわれわれの言語における概念）しかないのだから、それは、語でも文でもない。かりに（われわれの言語から概念を借りてきて）「語」と呼ぶしかないだろう。われわれの言語における「語」と、それはかたちが似ているから。したがって、引用の冒頭におかれた問は、そもそもナンセンスなのだ。このような問自体が、第2節においては成立しないのである。だから、ウィトゲンシュタインは、単語であっても、文であっても、われわれの言語における概念によっては把握できない（「同じ意味をもっていない」「省略文ではない」）という。さらにつぎのようなやりとりになる。

——最初の問にかんする限り、「石板！」は単語と呼んでもいいし、文と呼んでもいい。ひょっとしたら、「退化した文」（「誰も使わなくなった（退化した）誇張法」というようないい方をするように）というのがいいかも知れない。この文は、われわれの言語においては、まさに「完全ではなくなった」文（省略文）なのだ。——いや、この文は、「石板をもってこい！」という文を短くしただけだ。というのも、「石板をもってこい！」という文は、第２節の言語ゲームにはでてこないのだから。（第２節では、「石板をもってこい！」という文は存在しないのだから、「石板！」と短くするしかない－引用者補足）——じゃ逆に、なぜ「石板をもってこい！」という文の方を、「石板！」という文を伸ばしたものと呼んではいけないのか。——それは、「石板！」と叫ぶ人が、本当にいいたい（意味している meinen）のは、「石板をもってこい！」だからだろう。——しかし、「石板」と実際口にしながら、本当は「石板をもってこい」を意味しているなどということを、どうやって君はできるのか。短くしていない文を、心のなかだけで自分にいっているのか。それに、なぜわたしは、誰かが「石板」という叫びでいわんとする（意味している meinen）ことをいうために、この「石板」という表現を別の表

> 現に翻訳しなければならないのか。この二つの表現〔「石板」と「石板をもってこい」－引用者補足〕が、同じことを意味しているのなら、――なぜわたしは、「かれが『石板！』という時、かれは『石板！』を意味している（meinen）」といってはいけないのか。あるいは、君がもし「石板をもってこい」を意味することができるのなら、なぜ「石板」を意味することができてはいけないのか。――しかし、わたしが「石板！」とだけ叫んだとしても、やはりわたしは、かれがわたしに石板をもってくる！ことを望んでいるのだ。――たしかにそうだろう。だが、「このことを望んでいる」というのは、自分が口にしている文とは異なる文を、あるかたちで〔強調－引用者〕、君が考えているということになるのか。（19）

ここでは、いかにもウィトゲンシュタインらしい考察がなされている。大雑把に分けて、三人の登場人物がいるといえるだろう。

最初に、「石板」を、単語と呼んでも文と呼んでもいいという人物。しかし、この人物は、見かけほどラディカルではない。もともとは、「石板」といういい方がなされていたけれども、時代を経るにしたがい、このいい方を誰も使わなくなった。今では、「石板をもってこい」といういい方がなされる。第2節の言語ゲームのような原初的な段階ではさかんに使われていた「石板」といういい方は、われわれが使っている現時点での言語ゲームにおいては、「石板をもってこい」といういい方にとってかわられた、というわけだ。

それに対して、第二の人物はこういう。いや、そうではない。「石板」は、「石板をもってこい」という文を短くしただけだ。第2節の言語ゲームには、「石板をもってこい」というわれわれの文のなかの「石板」という語しかないのだから、このいい方しかできないではないか、というわけである。

この二人の人物に共通の考えは、「石板」と「石板をもってこい」という二つのいい方に共通の内容（「意味」といっていいだろう）があるというものだ。その「内容」は、時代が変わろうが、いい方が変わろうが変化しない。そして、その内容とは、われわれのいい方で表現すれば、「石板をもってこい」というものである、とこの二人はいいたいのだ。

それに対して三人目の人物（ウィトゲンシュタイン）は、この二人の人物に対して、かれらがたつ共通の前提に焦点を合わせ、つぎのように反論を始める。

「石板」と「石板をもってこい」という二つのいい方を並べて、「石板をもってこい」の方が、完全で、その内容を過不足なく表現しているといっているが、それはどのような根拠にもとづいているのか。なぜ、「石板」の方が完全で、「石板をもってこい」の方が、その延長（そこまではウィトゲンシュタインはいっていないが、「冗長な形式」）だといえないのか。なぜ、「石板をもってこい」の方を優先するのだ、というものである。

それに対して、前者二人は、声をそろえてこういう。「石板」と叫んでいても、本当にいいたい（意味している）のは、「石板をもってこい」だからだ。「石板」というい方の本当の「意味」は、「石板をもってこい」なのだ。これで、この二人の共通の基盤が鮮明になった。いい方（形式）の背後には、内容（意味）があるというものである。

それに対して、ウィトゲンシュタインはいう。

> 「石板」と実際口にしながら、本当は「石板をもってこい」を意味しているなどということを、どうやって君はできるのか。（19）

これは、ほとんど結論をいっているようなものだ。われわれが語や文を発話する時、その具体的に発話された語や文と異なることを思ったり意味したりできるだろうか。たとえば、「石板」と口にしながら、「石板をもってこい」と思えるだろうか。そのようなことはできない。われわれは「石板」という時、「石板」以外の何ものも思考したり意味したりはしていない。「石板」は、あくまでも「石板」なのだ。それとまったく同様に、「石板をもってこい」はあくまで「石板をもってこい」だろう。それ以下でも以上でもない。いい方（形式）、あるいは、発話した語や文の具体的な「かたち」以外には何もないのである。どこを探しても、これらの表（おもて）にでてきた形式（音や文字）以外のものはない。

ウィトゲンシュタインもいうように、もし「石板」が「石板をもってこい」を意味するのなら、「石板」は「石板」を意味するともいえるはずではないか。「石板をもってこい」の方が、正確な意味であり、「石板」はその省略形などというのであったら、「石板をもってきてください」が、より正確で、「石板をもってこい」は、そのぞんざいなかたちだといえるではないか。「石板をもってきてくれる?」「石板をもってきて」「石板をもってきてくれるとありがたい」などいくらでも、文のかたちはつくることができる。どれが、〈本当の意味〉なのか。どこにも〈意味〉などないのではないか。どこかに〈意味なるもの〉の本当のかたちを恣意的に想定して（たとえば〈石板をもってこい〉だと想定して）、他のかたちは、その理想のかたちの省略だの、延長だの、丁寧形だの、さまざまなヴァリエーションがあるなどとわれわれは、ついいってしまう。

その理想のかたちこそが、本当の意味でありいいたいことであり意図であるなどという。これこそが、言語に対するわれわれの錯誤の第一歩なのである。つまり、いわば〈意味〉の捏造とでもいえるものなのだ。われわれの言語活動には、最初から最後まで「かたち」しかない。何かを意味しようとしても、「かたち」であらわすしか手はない。「石板」というかたち、「石板をもってこい」というかたち、「石板をもってきてください」というかたちがあるだけなのだ。それ以外に、どこかに「意味」があるなどと考える必要はない。だからこそウィトゲンシュタインは、だが、「このことを望んでいる」というのは、自分が口にしている文とは異なる文を、あるかたちで〔強調－引用者〕、君が考えているということになるのか。（19）

という。口にしている文とは異なる文を、あるかたちで考えているのであれば、それは、別の文といわざるをえない。そもそもある文や語を口にしながら、ほかの語や文を考えるのは不可能だ。つねに一時（いちどき）に外に表出されるのは、一つの語や文であり、意味という概念を使いたいのであれば、それこそが意味だということになるだろう。そして、「かたちそのもの」が、そのまま〈意味〉なのであれば、〈意味〉などという余計なものは必要ないだろう。「かたち」といえば済むのだから。こうしてウィトゲンシュタインによって、かたちのない純粋な〈意味〉などという概念は、この時点で抹殺された。

第20節の最後では、つぎのようにいわれる。

文が「省略されている」といわれるのは、それを発音する時、意味している（meinen）ことが省かれているからではない。その文が、――われわれの文法におけるある種の範型と比べて――短いだけなのだ。――もちろん、ここでつぎのような異論がでるかも知れない。「君は、短縮された文と短縮されていない文とが、同じ意味をもっていると認めている。――じゃ、それはどのような意味なのか。そうした意味に対して一つの言語表現があるのではないのか。」――しかし、いろいろな文が同じ意味であるというのは、それらの文が同じように使われるということではないのか。――（ロシア語では、「この石は赤い」という代わりに、「石赤い」という。ロシア人にとって、「～は」（繋辞）は、そもそも念頭に浮かんでいない（意味がない）のか、あるいは、かれらは、「～は」（繋辞）をこの表現につけくわえて考えているのだろうか。）（20）

ウィトゲンシュタインは、もし「省略」という語を使うのであれば、それは、純粋にかたちの上のことだという。よく使われたり例にだされたりするかたち（「文法におけるある種の範型」というのは、「文法の説明をする時によく使われる型」ぐらいの意味だろうか）と比べて短いだけなのだ。あくまでも便宜上のことなのである。そもそも〈意味そのもの〉が、かたちにならずに、そのままの状態でわれわれに認識されることはない（かたちにならないものを認識するなどということは想像を絶する）から、それを基準に「省略された」とはそもそもいえないだろうし、〈意味そのもの〉が「かたち」になったら（われわれに認識できたとしたら）、それは具体的な文や語ということであり、その数はほぼ無数だから（たとえば、「石板をもってこい」という文が〈意味そのもの〉だとしても、この文の多くの異なるいい方があり、それを使う文脈も、そのつど無限にあるのだから)、どれか一つを〈意味〉であると特定することなどできないし、できたとしても、たんに恣意的に特定しただけであり、それは、もはや〈意味そのもの〉ではないだろう。つまり、〈意味そのもの〉は、原理的に、「かたち」をもってはいけないのである。

このようなウィトゲンシュタインの見解に対して、相手はこう反論する。いやいや、君が、そもそも「省略」や「短縮」を認めているのであれば、その背景にかならず、〈同じ意味〉がなければならないだろう。同じ意味が背景になければ、「短縮」ということがそもそも意味をなさない。省略や短縮というためには、その二つの文を関係づける、何らかの共通項(いわば接着剤)がなければならないはずだろう。まったく無関係の二文を「省略」や「短縮」とはいわない。「岩石!」を「石板をもってこい!」の省略とはけっしていわないのだから。そして、その共通項(背景)は、〈同じ意味〉以外考えられない。意味が同じだから、「短縮した」といえるのだ。もし、そのような〈意味〉が存在するのであれば、その〈意味〉をもっとも正確にあらわす文があるのではないか、と相手は尋ねる。

この詰問に対してウィトゲンシュタインは、正面から答えずに、〈意味〉を〈使用〉(Verwendung)といういい方にいきなり変えて提示する。〈意味〉という概念をもっと適切に表現すれば、それは、「使用」(使われるということ)になるだろう、というわけだ。先にも述べたように、現実の文のかたちやその使用の文脈から離脱した〈意味〉などというものは、どこにも存在しない。われわれの言語行為は、ある特定の「かたち」を具体的な場面で使用するだけだ。「かたち」は異なっていても、同じように使われれば、それは、〈同じ意味〉をもつといえるのではないか。「石板」と「石板をもってこい」が、同じような場面で同じように使われて、同じような結果〈誰かがこちらへ石板をもってくる〉を導いたのであれば、この二つのいい回しは同じ意味をもつ。以上。ただこの場合、〈意味そのもの〉などどこにもなく、たしかなのは、その「かたち」〈発話された文そのもの〉だけだ。

ようするにウィトゲンシュタインは、つぎのようにいいたいのだろう。あるかたちをもった文や語が使われ、それらが、われわれの言語活動のなかで実際に働く時、われわれが「意味」と表現するような〈あるいは、表現したくなるような〉事態があるといえるだろう。もちろん、「意味」などという語を使う必要はさらさらないけれども。ただ、今まで「意味」といってきたから、そういっているだけである。そして、どんな場面で使われるかで、これまで「意味」といわれてきたものが決まるのだ。たとえば、「石板」といっても、「石板をもってこい」といっても、同じように誰かが石板をもってくるのであれば、それは、〈同じ意味〉をもっているということであって、「石板」や「もってこい」などの、文を構成する部分は問題ではない。もし、「雪が降っている」といって、誰かが石板をもってきたとしたら、「雪が降っている」という文の使用は、「石板」「石板をもってこい」と同じなのだから、同じ「意味」をもつということになるだろう。

ロシア語で、「石赤い」といったからといって、「この石は赤い」という文を使うのと同じ使い方をしていれば、同じ「意味」をもっているといえるだろう。ただその時の「意味」は、語や文に内在している（語や文が本質として有している）のではなく、その使用の現場でのみ発生する（といっても、具体物が発生するような仕方ではなく）ようなものだろう。ということはつまり、「使用」という語だけでいいのであり、「意味」という語は必要なくなる。たとえば、ヨーロッパ語と中国語と日本語を見てみよう。冠詞の有無、名詞の性の有無、「てにをは」の有無、構文のちがいなど、文法的に（かたちの領域で）さまざまなちがいがある。だからといって、それぞれの言語内で、ほかの言語と比べて、意思疎通がうまくいったり、いかなかったりはしない。もし、「意味」などという概念に拘泥（こうでい）すれば、冠詞の〈意味〉や、「てにをは」の〈意味〉、構文による〈意味〉の変容など、いくらでも余計な問題が生じてしまう。

「石板！」は、「石板！」であり、「石板をもってこい！」は「石板をもってこい！」なのだ。「Platte!」は、「Platte!」であり、「Bring mir eine Platte!」は、「Bring mir eine Platte!」なのである。「石板をもってこい！」は「石板！」でもなく、「Bring mir eine Platte!」でもなく、ましてや「Platte!」などではない。それぞれ「かたち」がちがう。一目瞭然である。この文や語だけでは、何も意味しない。ただ、「かたち」があるだけなのだ。このような「かたち」を、言語ゲームの実際の文脈で発話すると、それなりの「場」のようなものが生じる。「石板」や「石板をもってこい」などの、いわば「空虚なかたち」が使われることによって、初めて「生命」を得るのだ。これらの文は、使われなければ、ただの「かたち」にすぎない。だとすれば、具体的な文脈から離れて、「石板」や「石板をもってこい」といった「空虚なかたち」について論じても、(それこそ)何の〈意味〉もないだろう。

だからこそ語の意味は、語の使用なのである。

七、さまざまな言語ゲーム（第23節、第25節）

第23節において、ウィトゲンシュタインは、「言語ゲーム」の多様性についてつぎのように語る。

「言語ゲーム」という語は、ここでは、ことばを話すということが、一つの活動ないし生活形式の一部であることをはっきりさせるのではなくてはならない。（23）

ウィトゲンシュタインによれば、「ことばを話す」というのは、理性による思考の結果でもなく、世界の論理的な構造を反映したものでもない。歩いたり、泣いたり、笑ったり、食べたり、死んだりという人間の活動と同じ種類の一つの活動にすぎない。それは、私たちの「生きるかたち」（Lebensform）の一部をなしている。だから、われわれの言語活動は、他のさまざまな活動と比べて価値的にすぐれているわけではない。つまりは、具体的事実から離れたものではないのである。ようするに、ただの「言語によるゲーム」なのだ。

なぜか理由はわからないけれども、私たちは、やみくもに話している。たしかに、言語を使い始めた時点（系統発生的にも個人史においても）というのはあるのだろうが、しかしわれわれは、気づいた時にはすでにいつも、語り、書き、ことばを使いつづけていた。このようなあり方（「生活形式」）こそが、「言語ゲーム」という多様な行為の特徴であり、それをこちら側でどうこうすることはできない。そして、このように現時点ですでに始まっているゲーム（堅固な事実）から出発するのが、ウィトゲンシュタインの方法の要諦なのである。

この節で、ウィトゲンシュタインは、実にさまざまな、ある意味で瑣末（さまつ）ともいえる言語ゲームを列挙していく。

つぎのような例やほかの例にもあらわれる、言語ゲームの多様さに括目してみよ。

命令する、命令にしたがって行為する——
ある対象を見たとおり、または、計測したとおりに記述する——
ある対象を記述（スケッチ）して描きだす——
いきさつを報告する——
いきさつを推測する——
仮説をたて、検証する——
実験結果を表やグラフであらわす——

物語をつくり、読む——
劇を演じる——
輪になって歌をうたう——
謎を解く——
冗談をいう、小話を披露する——
計算の応用問題を解く——
ある言語を別の言語へ翻訳する——
頼む、感謝する、悪態をつく、挨拶する、祈る。(23)

なんと多様な言語世界だろうか。どれ一つとして同じものはなく、それぞれ独自のゲームだ。たしかに似ていたり重なったりしているところもあるが、それぞれが、大きく、あるいは微細にちがっている。これらの(あるいは、もちろん、それ以上多様な)言語ゲームを、われわれは日々おこなっているのであって、同じ「ことば」という道具を、(同じ母語を共有する)すべての人間が一律に使っているわけではない。さまざまに異なった「かたち」(Form)に、ほかの「かたち」からつねに移行しつづけ、さらにその「かたち」を改変したりもする。それぞれのゲームが、それぞれの「かたち」をもち、そのつど、生成し消滅していく。あるいは、あらたにつくりだされ変化し増殖もするだろう。これらの「言語ゲーム」は、そのつど、生命をもっているかのようにうごめいている。もちろん、その全体も一つの大きな「言語ゲーム」なのだ。

この節の結論は、ウィトゲンシュタインによって、つぎのように表現される。

——言語におけるもろもろの道具と、そのさまざまな使い方の多様さ、そして語や文の種類の多様さを、論理学者が言語の構造についていったことと比べてみるのは興味ぶかい。（むろん、『論理哲学論考』の著者がいっていたことも）(23)

論理学は、言語の構造を公理系として提示する。そのために、具体的な個別の差異を無視し、大雑把な枠組だけを抽出しなければならない。そのことによって、言語のもつ原始林のような豊饒さは失われ、論理的で人工的な厳密さだけが保たれるだろう。その「厳密さ」によって、よりゲーム的な複雑さや関係性は拡大されていく。深く暗い森は伐採され、論理による純粋で透明な空間が構築されるというわけだ。『論理哲学論考』の「理想言語」や「論理空間」のように。

それに対して、実際に使われている語や文、そしてその具体的な種々の使われ方を考えれば、言語のもともとの多様さは、ほとんど無限になるといっていいだろう。そのような錯綜したカオスを固定することなど到底できない。言語の日常的な運動や底知れない多様さを固定し、論理だけを抽出してしまうと、それは、言語の死骸にすぎなくなる。後期のウィトゲンシュタインは、前期とはちがって、そのような死骸には目を向けない。生きいきとした言語の働きだけを相手にしたのだ。

この節の最初に、ウィトゲンシュタインは、つぎのようにいっていた。

> ところで、文には、どのくらいの種類があるのだろうか。たとえば、断定文、疑問文、命令文といったところか。——そのような種類なら**無数**にある。われわれが「記号」「語」「文」と呼ぶすべてのものの使い方には、無数の異なった種類がある。そして、このような多様さは、固定されてもいないし、一度与えられただけのものでもない。新しいタイプの言語、新しい言語ゲームが生まれ、ほかの言語や言語ゲームがすたれ忘れさられる、ということができるだろう。(23)

演繹体系である論理学は、真偽が確定できる「命題」といわれる文しかあつかわない。最初から、疑問文や命令文や真偽とかかわらない文は排除される。言語のもつ広大で豊饒な領域には、そもそも足を踏みいれないのだ。論理学の対象領域は、無限の言語野のごく一部にすぎない。ウィトゲンシュタインの比喩を使えば、言語という、いわば「生命体」は、その範囲も内実も生成流動しつづける巨大な都市のようなものだ。そのような膨大な対象を眼前にしながら、論理学は、人の移動も建物の増設や解体もない静かな一区画しかあつかわない。恒常的に変容しつづける生き物のような言語多様体は、論理学がめざす体系化などは、もともと受けつけないともいえるだろう。

このような「生き物」であることばをあやつることについて、第25節でウィトゲンシュタインは、たいへん重要な指摘をする。短い節なので全文引用してみよう。

人々はときどき、動物は知的能力がないから話さないという。この意味は、「動物は考えない、だから話さない」ということだ。しかしそうではない。動物は、とにかく話さないのだ。もっとましないい方をすれば、動物はことばを使わないということだ。——もっとも原始的な言語は別だけれども。——命令し、問い、ものがたり、雑談するのは、歩いたり、食べたり、飲んだり、遊んだりするのと同じで、私たちの自然史にふくまれている。(25)

ウィトゲンシュタインによれば、人以外の動物が話さないのは、人間と同じような知的能力をもっていないからではない。ただ話さないだけだ。このいい方には、ウィトゲンシュタイン哲学の根本の姿勢がかいま見える。

まず、ここでいわれていることを、以下のようにまとめてみよう。

①話しているという事実から出発する
②話しているという事実を重視する
③話しているという事実に拘束されている

まず①から考えてみよう。私たちに確認できるのは、人間は話すという事実であり、他の動物は、少なくとも人間が使っているのと同じようなことばは使っていないということだろう。もし、他の動物も言語らしきものをもっていたとすれば、外国語を話す人たちを見て、自分の母語とは異なるけれども、自分たちの言語と似たものを使っているにちがいないと類推できるように、他の動物たちにも、言語らしいものを使用する状態を、われわれは見つけだすだろう。あるいは、かれらも言語をもってはいるのだが、気づくための手がかりが私たちにまったくないかも知れないが。

ただこれは、とても難しい問題もふくむ。われわれの言語の形態の、恣意性とでも呼べる性質だ。われわれの言語は、音を使っている。声帯をふるわせ、もともとは雑音にしか聞こえないものを、うまく鳴らせてことばとして使用している。だが、言語には、このような形態がどうしても必要というわけではもちろんない。手話という形態を考えればわかるだろう。どんな方法であっても、現在の言語と同じような働きができればいいのだから、その手段は、いくらでも考えることができる。

そうだとすれば、このような恣意的形態を使うわれわれには、想像もつかない言語形態があってもいいだろう。だから、他の動物が言語を使っているかどうかということは、形態の恣意性にまでさかのぼって考えれば、論じることはできない（答がけっしてでない）問題となる。ただ「わからない」と答えるしかない。

このような恣意性という観点をふくめてウィトゲンシュタインは、われわれが使用する言語について、徹底してその事実性から話を始める。ようするに「わからない」問題には触れずに、たしかな出発点を選ぶということだ。これが、この哲学者の基本の姿勢だといえる。ようするに、『探究』全体を貫く、ウィトゲンシュタインの方向性というのはつぎのようなものだ。

知覚でき、複数の人間によって確認できる場面から出発する。われわれの精神や「内側」の体験についても、あくまで誰でも知覚できる「公共」の場から出発してそちらへ向かう。言語ゲームの「現場」である〈ここ〉から、精神や私的な体験の方へ向かうのだ。しかしたとえば、内的な経験は存在しないなどと極端なことを考えているわけではない。そのような極端な考えは、あきらかに実証できない形而上学的な前提といえるからだ。だが逆に、内的な経験があるからこそ、さまざまな現実の事象が生じるという方向もとらない。それも、同じように形而上学的な前提だからだ。あくまで、多くの人たちによってたしかめることのできる「場」にとどまり、必要とあれば、その「場」から出発して内側へ向かう。

つまり、われわれにわかるのは、われわれが音声を使って話しているという事実だけなのである。それ以上は、すべて推測にすぎない。われわれ人間の言語を使った会話は、ある種の能力があるからできるのだとか、理性なるものを人間だけがもっているので話すことができたのだ、といったことは、すべて推測しているにすぎない。

このような「能力的なものの前提」というのは、一般的にもおかしなことがわかる。一般に能力は、具体的に発揮されなければ、そもそも能力として「存在」できない。「あの人には能力がある」といういい方ができるのは、その能力を認めることができる具体的事実が過去にあったからだ。その過去の事実を根拠にして、現在でもその過去の事実と同様のことが、具体的に発揮されるはずだと推測しているだけである。現時点で「その人」に、過去と同じことができるかどうかは、実際にやってみなければわからない。何かの事情で、その「能力」が衰えている可能性もあれば、本来そのような「能力」はもちあわせていなかった場合もある。その過去の時点で、突発的にでてきただけだったのかも知れない。このように考えれば、われわれにわかるのは、具体的事実であり、知覚できる現実だけなのだ。極端ないい方をすれば、「能力」というのは、すべて根拠のない推測にすぎない。たしかに「能力」という語を使いたくなる状況はあるだろう。しかし、それは、あくまでその場で確認しているわけではないということを自覚している必要があるだろう。

『哲学探究』でウィトゲンシュタインは、この態度を終始一貫変えていない。複数の人が知覚でき、多くの人が共有する「現場」から、けっして離れず、常識や今までの先入見を基盤にした根拠のない推量をしたりはしない。これが、「①話しているという事実から出発する」ということだ。

さて、以上のことから、「②話しているという事実を重視する」は、おのずと帰結するだろう。すでに書いた、「意味」という概念の忌避も、この態度と深くかかわっている。「意味」という概念は、日常生活で語を使っている際には登場しない。たしかに「意味」という語は使われているし、何かしら有用であるようにも思われる。しかし、具体的な使用を精査すれば、実際の言語行為や言語の使用場面から遊離した語そのものの「意味」など、どこにもないことがわかった。「意味」とは、現場から離れて、いわば観念的に想定しているものだといえるだろう。この「意味」と同じような位置に、言語を運用することができる知的能力というものがある、といえるかも知れない。純粋な「意味」が存在しないように、純粋な「能力」などというものもありえないのだ。

具体的に使われることによって、おのずと意味は「示される」のであり、それと同様に、実際に発話しなければ能力など存在しないに等しい。だからこそ人は、ことばを話しているだけなのであり、それに対して人以外の動物は、ことばを話さないだけなのである。そしてウィトゲンシュタインは、「もっとましないい方をすれば（oder besser）、動物はことばを使わない」という。なぜ、このいい方が、「まし」なのだろうか。

これは、先に述べた「言語の恣意性」にかかわっているのだろう。たまたま言語という形態を使わないだけであって、他の動物は、われわれには想像もつかない「何か」を使っているのかも知れない。あるいは、たんに必要などないだけかも知れない。われわれは、「言語」または「言語能力」が人間という進化した動物には必然であるかのように思いこんでいる。だが、ウィトゲンシュタインにとって、それはとんでもない間違いなのだ。真実は、「人間はことばを使い、動物は使わない」だけのことなのである。

だからこそ、言語に拘束されるという事態（③）もおこる。そもそも話すというのが、歩くといった行為と同じようなものだというのは、どういうことだろうか。歩くためには身体が必要だ。したがって、身体という物理的条件によって、歩くことは著しく限定されている。身体のかたち、直立二足歩行、四肢全体の動きなどによって、われわれの歩き方は決まるといえるだろう。このことは、私たちには変えようのない事実である。

話すのも同様だろう。私たちは、一見自由に話しているかのように見えるけれども、そうではないことがただちにわかる。われわれの言語行為は、口蓋や声帯、聴覚器官、ひいては大脳などのかたちや働きによって規定されているからだ。ごくあたり前のことだが、このような物質をそなえているからこそ、私たちは話すことができる。ということは、われわれの言語活動は、物理的条件に、根本的に依存しているということだ。そうなると、同じように身体やその機能という物理的条件に全面的に依存する「歩く」「食べる」「飲む」「遊ぶ」といった行為とも密接につながっていることになるだろう。

ここで注意したいのは、ウィトゲンシュタインが「自然史」に属していると指摘しているのは、「話す」(sprechen)という言語行為一般のレベルではなく、それよりも下位の「命令する」「問う」「ものがたる」「雑談する」といったものだということだ。これらの行為は、あきらかに「話す」という行為のより具体的な事例になっている。

ここにも、ウィトゲンシュタインの哲学的姿勢が、はっきりとあらわれていると考えるのは、うがちすぎだろうか。「話す」(sprechen)という一般的な能力ではなく、より具体的な行為(命令する、問う、ものがたる、雑談する)に着目しているからだ。たしかに、われわれは、ただたんに「話している」などということはあまりなく、誰かに命令したり、何かを問うたり、他人に自分のことをものがたったり、誰かと雑談したりする。このようなもっとも具体的な行為こそが、自然史に属しているとウィトゲンシュタインはいっているといえよう。別のいい方をすれば、「話す」という動詞でさえも、ウィトゲンシュタインにとっては、抽象的なものなのだ。どこまでも具体的な現物や現場から出発する『哲学探究』の著者の姿勢が、ここでも見てとれるだろう。

このように考える時、さまざまな行為の連関のうちに、言語行為も埋没していることがわかる。われわれの生活は、たしかに言語とは切り離せない。しかしそれは、言語が「生のかたち」(Lebensform)のなかで特別だというわけではない。ことばのやりとりは、あくまでもほかの行為と同じものではあるが、ことば以外の行為のなかにかならず複雑に絡みあって入りこんでいるということだろう。

私たちの生活の個々の場面に、ことばは、透明な液体のように浸透している。だから、逆にいうと、そのような錯綜した行為連関のなかから、言語だけを切り離すことはできない。なぜなら、そうしたとたんに、周りの文脈も、そして、もちろん言語自身も、生きいきとした関係の織物から切断され、またたくまに衰弱死してしまうからだ。

かくして言語は、歩いたり、飲食したりするのと同じようなレベルで、われわれの生に入りこむ。しかも、それらの日常の行為と深く固く結びついて。これこそが、ウィトゲンシュタインのいう「言語ゲーム＝生活形式」であり、それはまさに自然史の一様相なのである。

八、「名前」という風変わりなもの（第27節）

第27節では、ウィトゲンシュタインは、再び「名ざす」ことに話を戻す。冒頭、例によって引用符つきの（おそらく）中立的な文章から書き始める。そのあとに、「あたかも」（als ob）で始まる批判的な文が、二つつづく。

「われわれは、ものごと（die Dinge）に名をつける（名ざす benennen）。そうすることにより、当のものごとについて語ることができる。語りながら、ものごとに言及（かかわること）もできる。」――あたかも、名づけるという行為によって、私たちのほかの行為も、すでに与えられていたかのように。あたかも、「ものごとについて語る」ということだけしか、ないかのように。(27)

この文章で語られていることのうちには、ひじょうに重要な哲学上の問題があるといっていいだろう。この問題は、『哲学探究』のこれまでの部分でも、ウィトゲンシュタインがもっとも重視したものであった。

「ものごとに名をつける」とは、いったいどういうことだろうか。たとえば、『名指しと必然性』のクリプキの議論やソシュールの「分節化」といった概念とは異なる地点から考えてみたい。まず、ここで「ものごと」(die Dinge)といわれているものは、名詞によってあらわされる対象的なものだけではなく、動詞や形容詞や文でも表現される事態的なことも意味している(Dingの複数形であるDingeは、ふつう「事柄」や「出来事」「事態」を意味する)。したがって、ここで「名づける」のは、個物だけではなく、事態一般もふくむということになるだろう。つまり、世界の原子的な要素に対してだけではなく、分子的な事態も、さらにそのあり方全体にも名前をつけるということになる。

このように「ものごと」に名をつけるというのは、大雑把ないい方をすれば、事実的なものと言語とのつながりをつくるということになるだろう。ところが、すでに論じた節でウィトゲンシュタインは、直示的な定義をいきなりすることは不可能だといっていた。指示が成立するためには、それなりの文脈や状況が整っていなければならない。第29節でも同様の議論になるのだが、「数」という概念をしっかり理解し体得した相手でなければ、個別の数の指示などできないのである。

だからこそ、この節のすぐ前の第25節で、前後の節と一見かかわりのなさそうな「自然史」などという概念もでてきたのだ。言語内部で、ある語を直示的に定義するためには、いろいろな文脈が成立していなければならないように、人間が言語を獲得するためにも、それなりの状況（自然史のある段階）が準備されていなければならない。そのような準備がなされていなければ、言語は登場しない。また、だからこそ、言語の発生という事態と、ほかのさまざまな行為連関とは地続きだとウィトゲンシュタインはいうのである。つまり言語は、一連の自然史（自然、生物、そしてその歴史をもふくめた広範囲の文脈）に属しているというわけだ。

さて、語と事実との結びつきの話に戻ろう。たとえば、眼の前で人が倒れた。それを「人が倒れた」と名づけることはできるだろう（もちろん、「名づける」ことができるためのもろもろの準備が整っていると仮定して）。このように、いったん名づけてしまうと、名づける前の具体的な事象（名づけていないのだから、原理的にことばではいいあらわせない事象。あえていえば、無限に複雑な現象や変化がおこっている時に、そのなかに巻きこまれている一人の知覚主体が、そのほんの一側面を知覚したということ）は、雲散霧消してしまう。「人が倒れた」という一文で、一切合財、そのような名づけようのない複雑な多様体は消滅してしまうのだ。

自らもそのなかにふくまれるものとして（ふくまれていなくても、充分困難ではあるけれども）、どうにも表現できない状態を、一度言語化してしまうと、その文をもとにして、あたかも、その無限相の事象が、語りつくされているかのような錯覚をいだいてしまう。現実の風景を絵に描くと、絵の方が本物の風景であるかのように思い、現実の複雑さの方に目を向けなくなるようなものだ。

われわれは、それらの「ものごと」自体について語っているのではなく、たまたまそのものごとと接した知覚主体が作成した「人が倒れた」という文について語っているにすぎない。だが、どうしても、文の方を重視してしまう。さらに私たちは、その文によって、「ものごと」に自分がかかわっているかのように錯覚する。たとえば、「何があったの?」「人が倒れたんだ」という会話をする時、まるで今起きた事態の真実をそのままあらわしているかのような気になるということだ。そして、その事態（「人が倒れた」という文によってあらわされたもの）に、言語（「人が倒れた」という文）を通して何かしらかかわりをもっているような気にもなってしまう。

ようするに、外界の事態を言語化することにより、事態そのものを写すことが言語の働きだと誤解してしまうのである。たしかに、事態をそのまま写すような言語の働きもあるだろう。しかし、それはひじょうに特殊なケースであり、ほとんどの場合は、そんなことはしていない。たとえば、眼の前で人が倒れる時、それをただ描写するためだけに「人が倒れる」あるいは、「人が倒れた」というだろうか。もし、眼の前で人が倒れている（あるいは、今まさに倒れようとしている）のであれば、その倒れる人を助けるために、自分だけではどうにもできない場合に「人が倒れましたよ」とほかの人に叫ぶか、あるいは、「あぶない!」とだけいうだろう。その時の「人が倒れましたよ」というのは、事態をそのまま写す、たんなる記述ではないことはあきらかだろう。

それに対して、「名づける」という行為は、事態と言語との対応関係を成立させるためだけの行為であり、この行為は、われわれの通常の言語行為のなかにはほとんど登場しない。だから、ウィトゲンシュタインは、「名づける」ことによって「ものごとについて語る」のは、とても特殊なことだといいたいのだ。そして、対象とかかわりながら言語化する（名づける）というのは、あくまでも言語のなかでの出来事であり、ある語や文を言語の領域にくわえるだけの話なのであって、名づけのあとに、それについて語ったからといって、話者であるわれわれが、語られた事態や対象にかかわりをもつわけではない。

私たちは、語や文によって、対象をたんに写しているわけではない。語や文というのは、もっとさまざまなことに使われる。ウィトゲンシュタインは、つぎのようにつづける。

ところが、われわれは実にさまざまなことを文章によっておこなう。呼びかけ一つとっても、ひじょうに多様な働きがある。

水！

あっちに行け！

わぁぁ！

助けて！

よろしい！

ちがう！（27）

たとえば、「水！」と叫ぶ時、どのようなことをいいたいのだろうか。さまざまな可能性があるだろう。いくつか挙げてみよう。

「水をくれ！」（注文・命令）「水がこぼれるぞ！」（注意）「今水がほしいんだ！」（要求）「水が落ちてきたぞ！」（驚き・報告）「水を飲め！」（命令）「水を飲みなさい」（勧誘・命令）などなど、例を挙げればきりがない。「水！」以外のほかの語も、みなそうだろう。

いずれも何か特定の事態を指示しているわけではなく、その場そのばで異なった幾通りもの働きをしている。そのつどの文脈で、われわれは、語や文を縦横に使いつづけているのだ。

そしてウィトゲンシュタインは、反語のかたちで結論をいう。

君は、まだ依然として、これらの語を「対象の名前（Benennung）」と名づけ（nennen）たいのだろうか。（27）

ウィトゲンシュタイン流のことば遊びだ。「名づける」という行為を二重に否定するような反語疑問である。いくつか例を挙げたそれぞれの感嘆表現が、何か対象を名ざしていないことはあきらかだ。さらに、この感嘆表現そのものも対象化して、それを「対象の名前」と名づけたいのか、といっているのである。そんなことをすれば、「名づけ」の無限連鎖になるではないか。だったら、最初の段階（事実と名前の対応）で「名ざし」（名づけ）を認めなければ無限の連鎖は始まらないではないか、といっているのだ。

さらにつづけて、ウィトゲンシュタインはつぎのようにいう。

第2節と第8節の言語においては、名前（Benennung）についての問は存在しなかった。この問とその対をなす直示的説明とは、特異な言語ゲームだといえるだろう。ようするにこのことが意味しているのは、「これは、何という名前か？」と問うように、われわれは教育され、訓練されているということだ。——こういう教育や訓練があるからこそ、名づけるという行為がなされるのだし、何かに名前をつけるという言語ゲームもある。つまり、「これは、〜という名前だ」と宣言して、その新しい名前を使うというゲームだ。（だから、たとえば子供は、自分の人形に名前をつけ、その人形について語り、その人形に話しかける。人に名前をつけその人をその名で呼ぶという、名前の使用が、いかに風変わりなものであるかを、子供の人形遊びと並べて、じっくり考えてみよ！）（27）

第2節、第8節の言語ゲームは、語の数が限られた原初的なものであるため、「これは、何という名前か?」という問は生じない。「石板」や「台石」という語は、石板や台石を助手に運ばせるための語なのであって、石板や台石を名ざしているわけではもちろんない。「石板」や「台石」という語は、具体的な行為のためにたてばいいのであって、それが対象を名ざしているかどうかなどという問題はまったくおこらない。だから、「これは、何という名前か?」という問を発する者は一人もいないだろうし、だからこそ、その問に対して答えることもないだろう。

それに対して、われわれの言語ゲームにおいては、ものに名前があることを前提にしている。この前提は、どの言語ゲームにおいても共通している特徴というわけではなく、ひじょうに特殊なことだとウィトゲンシュタインはいう。そもそも、原初的な言語ゲームや、あるいは、われわれの言語ゲームにおいても、「水!」「あっちに行け!」「わぁぁ!」「助けて!」「よろしい、けっこうだ!」「ちがう!」などの例を見ればわかるように、語は、ものごとを名ざしているわけではない。それなのに私たちは、われわれの共同体の言語習得の初期の段階で、または習得後も、「これは何という名前か?」「これは、~という名前だ」というやりとりをするとても独特なゲームをおこなう。子供が人形と遊ぶ時、名前などなくとも充分楽しく遊べるにもかかわらず、名前をつける。そのことによって、人形との関係が深くなるかのように。

人形だけではないし子供だけではない。大人でも、ペットに名前をつけるのは、ごくあたり前のことであるし、人によっては、パソコンや自家用車に名前をつける人もいるだろう。しかし、このことは、よく考えれば、それほど自明なことではない。人に名前をつけるという習慣をわれわれがもっていなければ、このようなことはしないだろう。また、このような習慣があるからこそ、語が何かを名ざしているという考えを、われわれは無意識にもつのだ。あるいは、逆かも知れないが。語と世界との対応が先なのか、人に名前をつける習慣が先なのかはわからない。ただいえるのは、このような言語についての考え方や名前というものの存在が普遍的というわけではない、ということだ。だからウィトゲンシュタインは、人名の使用をたいへん奇妙なことだというのである。

たしかに、変幻自在のこの流動する世界を固定し、認識したいからこそ言語なるものは登場したのかも知れない。もし、われわれが言語をもたなければ、眼前の世界や自分自身を認識したり理解したりはできないからだ。世界と関係するための手がかりとして言語を発明したのかも知れない。しかし、これは、あくまで手がかりであって、世界そのものの写しなどではない。ところが、いったんこのような手がかりを獲得すると、手がかりが写しになり、世界の正確な図解のようなものだと思ってしまう。世界を理解するためにつくった道具にすぎないものが、世界そのものの写しになってしまうのだ。

このような大きな誤解の出発点の一つが、われわれが人に名前をつけるという、とてつもなく変わった習慣だということになるだろう。この「命名・名前・名ざし」の言語ゲームは、さまざまなゲームのうちの、一つの特殊な事例にすぎないのである。

九、「知る」ということ（第29節、第30節、第31節、第32節）

先に進もう。第29節は、つぎのように始まる。

ひょっとしたら人は、「この数を〈2〉という」といったやり方でのみ、2を直示的に定義できる、というかも知れない。というのも、この場合「数」という語は、言語や文法のどの場所にわれわれがこの語をおくか、ということを示しているからだ。しかし、このことは、そのような直示的定義が理解可能になる前に、「数」という語が説明されなければならない、ということである。――この定義における「数」という語は、たしかにそのような場所、われわれがこの語に与える持ち場を示す。つまり、われわれは、「この色を何々という」「この長さはかくかくである」といって、誤解を防ぐことができるだろう。このようにいえば、時おり誤解が避けられるというわけだ。しかし、そうなると、「色」あるいは「長さ」という語は、これだけで理解できるというのか。――そうはいかない。われわれは、今度はそれらの語を説明しなければならない。――結局ほかの語を使って。そうなると、このような連鎖の最後にくる説明とは、どのようなものなのか。（「〈最後の〉説明なんてない」といってはいけない。それは、「この通りには、最後の家なんてない。だっていつでも新しい家を建てることができるのだから。」といおうとするのとまったく同じだからだ）(29)

一つの語をどのように説明するのか。これは大きな問題だ。われわれが使っている言語は、多くの語によってできあがっている。そして、その語は、個々別々に独立しているわけではない。ほかの語と何もかかわりをもたない語など存在しない。一つの言語体系のなかのすべての語は、密接につながっている。われわれが母語を習得するというのは、そのような膨大なつながりを身につけるということだ。

このような言語のあり方に対して、われわれは、どのようにして一語に着目できるのだろうか。一語を直示的に定義するなどということが、果たしてできるのだろうか。われわれが、「2」という語を定義する際、「数」という枠組をまず提示することによって定義しやすくなるとウィトゲンシュタインはいう。「数」というのは、言語や文法における「場所」だというわけだ。たしかに個々の具体的な語が属している「場所」のようなものが、言語にはいくつもあるだろう。「数」「色」「長さ」「かたち」など、いくらでもある。その場所を最初に提示すれば、「2」という語を理解しやすくなるし、ウィトゲンシュタインもいうように、「誤解を防ぐ」こともできるかも知れない。

しかし、そうなると、「数」「色」「長さ」「かたち」といった語を、どのように定義すればいいのか、という問題が当然のことながらつぎにでてくるだろう。「数」という語を理解しなければ、「この数を〈2〉という」という文は理解できないからだ。そして、これは無限につづいていく。「数とはAである」「AとはBである」「BとはCである」…といった具合に。しかし、ウィトゲンシュタインは、このような無限の連鎖は、けっして認めない。可能性としての無限など、この哲学者は相手にしない。われわれは実際、「数」や「2」という語を滞りなく使っている。だから、無限の連鎖などという純粋な可能性について議論しても意味がない。そこで、「『〈最後の〉説明なんてない』といってはいけない」というのだ。

世界中のどんな通りにも最後の家はある。たしかに、新しい家をさらに建て増しすることはできるだろう。ただそれは、将来の可能性なのであって、今は、この「通り」には、これだけの家しかない。現時点での「通り」の話をしなければ、いったい何の話をすればいいのか、とウィトゲンシュタインはいいたいのだ。たしかに、語の定義や説明を始めれば、無限連鎖や循環に陥るだろう。しかし、そんなことが実際には起きることはまずない。日常の言語ゲームに、無限や循環はそうそう登場しないからだ。

つぎにウィトゲンシュタインは、こういう。

2の直示的定義に「数」という語が必要かどうかは、人がこの定義を、この語なしでは、わたしが望むのとはちがったふうに理解してしまうかどうかにかかっている。そして、このことはもちろん、定義が与えられる状況や、わたしが誰に定義を与えるかにも依存しているのだ。定義を聞いた人がその説明をどう〈把握〉しているかは、説明された語をどう使うかによってわかる。(29)

「2」を理解するために、「数」という語はかならずしもいらない。具体的に本やペンや果物などを使って、「2」を理解することもあるだろう。1、2、3、4、…といった自然数を、それぞれの具体的場面で体得していけば、「数」という抽象的概念は、その人の語彙にはあらわれないかも知れない。具体的な「2」だけを身につけているかも知れない。そして、もちろんその人が、「2」という数を理解しているかどうかは、その語を他の人と同じように使えるかどうかにかかっている。

しかも、われわれの日常生活では、「2」という数を実際に使っている場面にいきなり投げ入れられ、その言語ゲームのなかで、どんな語でも直示的に教示されることもなく使いながら覚えていく。何はともあれ、「初めに使用ありき」なのだ。だから、この節の冒頭の「この数を〈2〉という」といういい方が登場するのは、ごくまれなケースだろう。そのまれなケースを一般化して、直示的定義が、さもわれわれの言語活動において重要であり、その基盤にあるかのようにいうのは、大きな間違いだとウィトゲンシュタインはいっているのだ。

だから、直示的定義が可能なのは、多くの背景が用意されている場合だけである。ウィトゲンシュタインは、つぎの第30節の最後に以下のようにいう。

ものの名前を尋ねることができるためには、われわれは、すでに何かを知っている（あるいは、何かをできる）のでなければならない。だが、何を知らなければならないのか。(30)

ものに名前をつけるというのは、ひじょうに特異な習慣だとウィトゲンシュタインはいった。その希少な「名づけゲーム」を成立させるためには、多くの背景が必要となるのだろう。あるいは、そもそも「言語ゲーム」という特異な習慣も、多くの背景を必要とするのではないか。雑音にすぎない音を使って無理に声帯をふるわせ、ほかの人間との意思のやりとりをするという、とてつもなく奇妙な習慣なのだから。このような不思議なことが成りたつためには、いろいろな必然的ではない蓄積が必要となるのだろう。

第31節では、将棋（もちろん原文はチェス）の例を使って、このことをわかりやすく説明する。

誰かに将棋の王将の駒を示して、「これが将棋の王将だよ」といっても、それで、王将の使い方を説明したことにはならない——ただし、もしその人が、将棋のルールを、この最後の規定、すなわち王将という駒のかたちだけを除いて、すでに知っているのであれば話は別だ。（31）

将棋について何も知らない人に、「これが将棋の王将だよ」と突然いっても、その人は、面食らうだけだろう。われわれがことばを覚えようとしている時期（その時期は、生まれてすぐ実践的に始まっているわけだが）に、いきなり、「これが、机だよ」といわれても、まったく意味が不明であるのと同じだ。「これが将棋の王将だよ」という直示的定義が有効に働くのは、あくまでも、将棋について、いろいろなことをすでに知っている人に対してだけなのだ。

しかし、ここには、多くの問題が潜んでいる。まず、何かを知るというのが、どこから始まるのか、という問題があるだろう。われわれは、将棋をどうやって知ることができるのだろうか。将棋というゲームを理解するためには、多くの段階が必要だろう。まず、人と人が対峙して、静かに何かをおこなうことがあるということを知っておかなければならない。さらに、二人のあいだにある盤のなかでいろいろなことが起こり、お互いの人間がそのことについてあれこれ考えるということも知っていなければならないだろう。その盤のなかでは、われわれの日常とはかけ離れたルールにしたがい、ある種のやりとりがおこなわれるということも理解しなければならない。これらの段階は、さらに細かく分けられるだろうし、その起源は、どこまでもさかのぼることができるだろう。

このように考えれば、多くの背景をなす知識がなければ、将棋を知るというところまでたどり着くことはない。ただそのつど、それ以前の知識が必要であるならば、将棋を知るというのは、どこから始まるのかという問題には、誰も答えることができないことになるだろう。われわれは、すでに多くのことを知っているといわざるをえない。過去にさかのぼることはできても、すでにかなりの知識をもつ現時点からさかのぼっているのだから、結局は、起源にはたどり着けないだろう。したがって、ウィトゲンシュタインがつぎのようにいう時、「その始まり」について問うことは、誰にもできないということになる。

しかし、ルールを学んだり、ことばにしたりせずにゲームを覚えた、ということも考えられる。まず観戦することによって、ごく簡単なボードゲームを学び、それからもっと複雑なゲームへ進んでいったのかも知れない。そうした人に対しても、――たとえば、その人の知らないかたちの駒を示して――「これが王将だ」と説明することもできよう。この説明が、かれに駒の使用法を教えるのは、これまた、いわば駒のおかれる場所がすでに準備されていたからにすぎない。いいかえれば、そのような場所がすでに準備されている場合にのみ、こうした説明がかれにその使用法を教える、とわれわれはいうだろう。そして、この場合、場所が準備されているのは、われわれが説明を与える相手が、すでに規則を知っているからではなく、かれが別の意味ですでにあるゲームに通じているからである。(31)

別のゲームを知っていれば、新しいゲームを見た時、多くのことを類推できるだろう。その時初めて、その新しいゲームの細部についても理解可能となる。そしてもちろん、そのゲームに使われている道具の名前を直示的に教えることもできるだろう。別のゲームを知っているということは、特定のゲームのなかの規則を知ることよりも、「何かを知る」ということにおいて、より始まりに近い。あるゲームを知っていれば、ゲームをすることが、その人にとっては既知のものになるからだ。

何かを説明する時、幾重にも重なった背景があるからこそ、その説明は有効に働く。説明するための言語、共有する生活形式や時代背景、人間同士のかかわり一般、ゲームという形式などなど、細かく分析すればきりがないだろう。これらの背景がなければ、ゲームに使われている道具の直示的教示には、けっしてたどり着かない。このような教示は、いきなりことばを覚え始めた子供に対してできることではないのである。ものの名前にかんする説明や問いかけができるためには、幾層にも重なる基盤が必要なのだ。

ウィトゲンシュタインはいう。

名前をたずねても無意味にならないのは、その名前で何をするかをすでにわかっている人だけだ、ということができるだろう。（31）

こうした結論に依拠して、つぎの第32節で、『探究』冒頭に引用したアウグスティヌスの言語観が、別の角度から言及される。

異国へやってくる者は、時にはその土地の人びとのことばを、かれらによる直示的な説明によって学ぶだろう。そして、そうした説明の解釈をしばしば推測しなくてはならず、時には正しく、時には誤って推測するだろう。
するとわたしの考えでは、アウグスティヌスは、人間の言語の学習を、あたかも子供が異国へやってきて、その土地のことばを理解していないかのように、すなわち、その子はすでに一つのことばを知っているが、この土地のことばだけは知らないかのように記述している、といえると思う。いいかえれば、その子供は、考えることはすでにできるが、しゃべるのがまだできないだけなのだ、といっているかのようだ。しかし、この場合の「考える」というのは、自

分自身に語りかける、といった意味だろう。(32)

ほかのゲームを知っている者が、あるゲームを習得する際に、規則やそのゲームで使われる道具を容易に理解できるように、ある未知の言語を学ぶ時にも、すでに別の言語を身につけている者にしかわからないことが多くあるだろう。そもそも最初の言語(母語)の習得は、意識的にはおこなわれない。

われわれは、特定の言語共同体に生まれ、その共同体で話されていることばを否応なくシャワーのように浴び、自らの母語として習得する。この習得過程は、理解して習得する、あるいは、論理的に知るといったものではなく、ただの無意識的訓練だ。この無意識的訓練を経て母語を身につけた者が、別の言語が話されている土地に来た場合に、その土地の人に直示的説明をしてもらうことが可能になる。あるいは、推量することができるようになる。もし母語を習得していなければ、その人は、直示的に語を説明されても何もわからないだろう。

第1節で引用されたアウグスティヌスの描く子供の言語習得過程は、この異国を訪れた、すでに母語を身につけた人の外国語習得過程のようなものだとウィトゲンシュタインはいうのである。アウグスティヌスは、ことばを習う子供というのは、すでにものを考えることができ、その考えにあてはまることばを探しているのだと思っているというわけだ。ところが、何の手がかりもなく考えることなど誰にもできない。ことばを使わずに、「このパスタは美味しい」と考えることはできないだろう。考える時、われわれはかならず具体的な語や文が必要になる。

「考える」というのは、自分自身に語りかけるということであり、語りかけるためには、言語がどうしても必要なのだ。すでに別のことばを習得していなければ、アウグスティヌスのいうような言語習得はできないはずなのである。

column ウィトゲンシュタインとの散歩

天才と一緒に散歩するというのは、とても骨の折れることらしい。いつも哲学の問題に深く鋭角的に没入しているウィトゲンシュタインにとって頭を休める時間などまったくない。散歩中も、その例外ではないのはいうまでもないだろう。マルコムは、ウィトゲンシュタインとしばしば散歩した。

ウィトゲンシュタインと散歩するのは楽ではなかった。どんな話題がでても、かれは真剣に極度に集中して考えこむ。だから、かれと一緒に考えごとをするのは、神経をすりへらす仕事だった。歩度をさーっと早めたかと思うと、ときどき立ちどまって刺すような鋭い目でわたしの顔をのぞきこんで大事なところを念をおす。そして、また何ヤードかぱっと歩いて、こんどは歩度をゆるめる、そしてまた早足になるか立ちどまる、といった風な歩き方だった。だが、このようなテンポの決まらない歩き方は、かれとの骨の折れる対話に完全に一致していた。ウィトゲンシュタインの新しくかつ深い考えが生まれるには、どんな話題であれ、こんな風に話し相手を必要とした。かれの見解というものは尋常一様のものではなかった。（ノーマン・マルコム『ウィトゲンシュタイン　天才哲学者の思い出』二四〜二五頁）

『哲学探究』を初めて読んだ時、内容の難解さとは別に文体の拒絶感といったものを感じた。どうしても、ウィトゲンシュタインの息づかいを読みとれない。内容以前に、文に入りこめないのだ。なるほど、引用に書かれているような一定しない「テンポ」についていけないというのもある。しかし拒絶感の一番の理由は、何といっても文章の流れの緊密さだろう。おかしないい方だが、歩き方（文章の書き方）が異常に緊迫しているのだ。著者は、読者のことを一切考慮していない。自分の速さで、あっという間にどこかに行ってしまう。だから、『探究』を解読するためには、無理にでもウィトゲンシュタインの歩く速度をまず緩めてもらい、できれば止まってもらわなければならない。

『探究』は、書いた本人の散歩と同じように、息の長い（だが、鋭利な刃物によるやりとりのような）対話の節もあれば、一気に結論だけいう短い節もある。あるいは、「刺すような鋭い眼で」こちらをじっと見つめるような終わり方をする時もある。その眼のなかには、多くのことが語られていることだけはわかるのだが、何を語ろうとしているのかは皆目わからない、などなど。まさに、ウィトゲンシュタインの散歩の流儀は、かれの哲学の思考のやり方、つまりは『哲学探究』の書き方に対応しているといえるだろう。

前々から書きたいと思っているのだが、どうしてもうまく書けないことの一つに「ウィトゲンシュタイン・ジョーク」とでもいいたくなるものがある。『探究』を読んでいると、あきらかにウィトゲンシュタインが、意図的に面白いことをいっていると思われるところがあるのだ。それが、実に独特のジョークなのである。それをうまく説明するのは、たいへん難しい。

だから、マルコムの回想の以下の部分を読んで、まさにその通りだとうなった。

数えきれないほど経験したことだが、面白いことに、ウィトゲンシュタインは、何か論点を説明するために思いついた例の奇抜さに、よく顔をほころばせた。それにつられて誰かが笑いだそうとすると、かれはきっとした顔になって、しかりつけるような調子で「そうじゃない、まじめな話なんだ」と叫んだ。考えついた事例が、想像を絶するほど奇抜なものだったので、彼自身も思わず笑いだしたのだったが、もちろん例をだす目的はまじめなものだった。(ノーマン・マルコム『ウィトゲンシュタイン天才哲学者の思い出』二一頁)

そう、たしかに面白いのだが、笑ってはいけないような気にこちらをさせる。何とも不思議な印象をこちらに与えるのが「ウィトゲンシュタイン・ジョーク」なのだ。散歩の際にも、このような「笑ってはいけない笑い」がしばしば提供された。

たとえば、

またある晩、ジーザス・カレッジのフィールドを横切って歩いている時、かれは頭上のカシオペア座を指して、あの星のWというかたちは、ウィトゲンシュタインを意味するのだといいだした。わたしは、いやあれはMをさかさまにしたものでわたしの名のマルコムのことだと思うと主張した。ウィトゲンシュタインは厳粛な顔つきで、わたしが間違っていると念をおした。（ノーマン・マルコム『ウィトゲンシュタイン天才哲学者の思い出』二五〜二六頁）

『哲学探究』のどの節においても、ウィトゲンシュタインは、いつも「厳粛な顔つき」をしている。どんなにおかしな例をだしても、この「顔つき」は変えない。おかしなことをいっておいて、その「顔つき」によってこちらをけっして笑わせない、というのが、この哲学者のジョークの最大の特徴だろう。

さらに、わたしがとても気に入っている散歩での出来事はつぎのようなものだ。登場人物は、マルコム夫妻とウィトゲンシュタイン。わたしは、これをひそかに「太陽系ゲーム」と呼んでいる。

ある晩、夕食後にウィトゲンシュタインと私たち夫婦はミッドサマー・コモンを散歩した。歩きながら私たちは、太陽系の天体の運行について話していた。と、ウィトゲンシュタインが思いついて、われわれ三人がそれぞれ太陽・地球・月の立場になって、たがいの運行関係をやってみようといいだした。わたしの妻が太陽で、ずっと同じ歩調で草の上を歩く。わたしは地球で妻の周りを駆け足でまわる。ウィトゲンシュタインは、いちばんたいへんな月の役を引き受けて、妻の周りをまわるわたしの周りを走ってまわった。ウィトゲンシュタインは、この遊びにおそろしく真剣に熱中し、走りながらわれわれに大声で指示を与えた。そしてかれは、息が切れ目がまわりくたばってしまった。(ノーマン・マルコム『ウィトゲンシュタイン　天才哲学者の思い出』六五頁)

もっともウィトゲンシュタインらしいところは、自分が、このゲームのなかで一番たいへんな月になったところだろう。ほかの二人の動きに合わせて、この上なく激しく動きつづけなければならないのだ。つぎに、息が切れて目がまわるまで真剣にこの遊びをやりつづけた点もいかにもかれらしい。最年長者であるにもかかわらず、もっともつらい役を自ら引き受け、けっして手をぬかず、くたくたになるまで月をやりつづけるウィトゲンシュタイン。この散歩での出来事には、彼自身の特徴が、あるいは、穿ったいい方をすれば、かれの人生が、実によくあらわれていると思う。

第二章

語の意味とは、その使用である

一、語の意味（第38節、第40節、第43節）

そろそろ、第1節からつづいたことばについての考察をまとめることにしよう。このままのペースで、『探究』を読んでいったのでは、いつまでたっても終わらない。

まずは、第38節の一部分を引用しよう。

> このことは、名ざすことを、いわばオカルト的な出来事として把握することに関係している。名ざすことは、一つの語と一つの対象との奇妙な結合であるように思われる。――というのも哲学者が、名前と名ざされるものとの関係そのものをとりだそうとして、眼の前の対象をじっと見ながら、何度も一つの名前をくりかえしたり、あるいは、「これ」という語を何度もいったりすると、ある奇妙な結合が実際に生じるからだ。何といっても哲学のもろもろの問題が生まれるのは、言語が祝日で休んでいる時なのである。この時たしかにわれわれは、名ざすというのは、何か風変わりな精神の働きであり、まるで、対象の洗礼のようなものだ、と思いこんでしまう。われわれはまた、こうして、いわば対象に向かって「これ」という語をいい、そう

いうことで、対象に話しかけることもできる。――この「これ」という語の奇妙な使い方は、おそらく哲学する時にしか起こらない。(38)

われわれは、この流動的な世界のなかで、ことばを使っている。ある語や文を使用することによって、そのつどの事態に対応していく。それぞれの流動的な事態に、語や文は、一見対応しているようにも見える。しかしそれは、変化のない固定された対応ではなく、あくまでもその時だけの関係なのだ。現実の事態も言語行為も、めまぐるしく変わっていく。これが、日常的な言語ゲームの本来の姿であるといえよう。

哲学は、このような流れていく事態の本質を探るために、無理に固定点をつくりだそうとする。その一つの手段が、おそらく名詞であろう。現実と語が、もっとも接触しているかのように思われる地点だからだ。一つの語が一つの対象を名ざしていることを前提し、その語をくりかえす。こうして、対象に洗礼をほどこす。こうすれば、現実との接触のたしかな手がかりが得られるからだ。

あたり前のことだけれども、われわれが話しかけるのは、対話をしている相手であって対象ではない。しかし、こうして対象を名詞によって切りとる(名ざす)時、その「対象に話しかける」ことが可能になるかのような錯覚をもつ。だからこそここでウィトゲンシュタインは、われわれの言語ゲームは、あくまでも、人間と人間とのあいだでおこなわれているにもかかわらず、語と対象との対応を前提してしまうと、言語があたかも、語と対象間の関係であるかのような錯誤をおかすといっているのだ。

われわれは、子供に名前をつけ、すべてのものが名前をもつという奇妙な習慣の世界に、その一員として子供を迎え入れる。それとまったく同じように、語を名ざすことによって、語と対象とが対応している世界に、その対象を導き入れたと思いこむ。だが、このことは、現実の言語ゲームとは大きくかけ離れている。実際おこなわれている言語ゲームにおいては、そのつどの状況や文脈によって、使われる語や文は、さまざまに表情を変え、異なった意味をもつ。固定した名前が、決まりきった対象についているわけではない。運転免許証の写真が、本人の全表情をあらわしているわけではないように。

あくまでも、そこでおこなわれている言語ゲームが先行しているのであって、語と対象との関係が、最初から存在しているわけではない。言語ゲームは、いわば言語のなかで完結しているのだ。

第40節で、ウィトゲンシュタインは、つぎのようにいう。

語は、それに何も対応していなければ意味をもたないという思考過程の問題点そのものについて、まずは語ろう。——『意味』という語に「対応する」ものを、『意味』という語によってあらわすならば、この『意味』という語は正しく使われていない、ということに気づくのは重要だ。これは、名前の意味とその担い手をとりちがえている。誰かが死ぬと、われわれは、「その名前の担い手が死んだ」といって、「その名前の意味が死んだ」とはいわない。後者のように語るのは無意味だろう。というのも、その名前が意味をもたなくなると、「誰々が死んだ」ということにも意味がなくなるからだ。(40)

まず、「意味」(Bedeutung)という語に対応しているもの(Ding)はない、とウィトゲンシュタインはいう。「意味」という語は、何かと対応しているわけではない。この語を正しく使うためには、それが何ものとも対応していないことを認識しなければならない。これは、とてつもなく重要なことだ。「意味」だけではなく、何かの語がある場合、どうしても、その語が、何かを指し示している、あるいは、何かと対応していると考えてしまう。

こんなことは、ウィトゲンシュタインはいっていないけれども、これは、語のもつ、ある種の不変性と可変性との結合によるものだろう。語は、デリダのいうような「エクリチュール」としての「不変性」をもっている。誰もが使うことによって、固定された「塊(かたまり)」のような性質をもつ。それと同時に、「パロール」としての「可変性」、あるいは一言でいえば、「はかなさ」ももっているといえるだろう。ことばを発したとしても、それは瞬間的に消えていくからだ。このような現象面での「可変性」と、本質面での「不変性」とを調和させるために、語は、どうしてもその対応物を求めてしまうのかも知れない。可変的であるためにも、不変な対応物を必要とするのだ。
そして、この「意味」という語は、そのようなさまざまな語のなかでも、もっとも「不変的」なものを表現しているように思われる。「意味」は、さまざまな語のまさに本質をあらわしているように思えるからだ。そのために、どうしても「対応物」を必要とする。それをウィトゲンシュタインは批判しているのだ。そして、このことは、「語の意味は、その使用」というテーゼに直結していく。

さらに、このことを、もっと具体的に、名前の意味とその担い手によって説明する。名前の意味が、その担い手なのであれば、この世界に存在しないものは意味はもたない。死んだ人間や壊滅した都市は、その名が残っていても、その名前には意味がないことになる。そんな馬鹿なことはないだろう。だから「語は、それに何も対応していなければ意味をもたないという思考過程」は、そもそも根本的に間違いなのだ。

それではつぎに、以上のことと直接かかわる「意味＝使用」テーゼがはっきりと提示される有名な第43節を引用してみよう。

『意味』という語を使うほとんどの場合に——これを使うすべての場合ではないとしても——人は、この語をつぎのように説明できる。語の意味とは、言語のなかでのその語の使用だ、と。

また、名前の意味を、人は時には、その担い手を示すことによって説明する。（43）

じっくり見てみよう。まず、この節の主語は、すべてmanである。（ちなみに英訳では、全文が受動態で訳されている）ドイツ語のmanは、「不特定の人びと」という意味だ。たとえば『独和大辞典』（第二版、国松孝二他編、小学館、二〇〇〇年）だと「誰かある人、人（びと）、世の人、我々」が最初の意味である。

さて、その「不特定の人びと」が、「意味」（Bedeutung）という語を使う「ほとんどの場合に」、「語の意味とは、言語のなかでのその語の使用だ」と説明できるというのだ。注意しなければならないのは、「ほとんどの場合」であって、自ら断っているように、「すべての場合」ではない。しかも「説明できる」（erklären können）のであって、「説明しなければならない」や「説明するべきだ」と強く断定しているわけでもない。

ウィトゲンシュタインは、ここでいいたいことを確定したテーゼにするのを慎重に避けているといえよう。「語の意味は、その使用だ」と、一つの法則や公理を提示しているわけではけっしてない。「ほとんどの場合にたいていの人が、そういういい方をするのも可能だろう」といっているのである。「意味とは、〜である」といってしまったのでは、今までの哲学者や論理学者と同じになってしまう。

さらに、「多くの場合」ではない場合について補足している。つまり、「語の意味はその使用だ」とは、実際に説明しないケースを挙げているのだ。この文も気をつけなければならないのは、前段では、「語の意味」(die Bedeutung eines Wortes) だったのが、ここでは、「名前の意味」(die Bedeutung eines Namens) になっているということである。それに、「説明できる」ではなく「ときに説明する」(manchmal erklären) なのだ。「語の意味」一般ではなく、あくまでも「名前の意味」であり、「名前」であれば、たしかに「ときどき」(manchmal)、その使用に着目するのではなく「担い手を示す」こともあるだろう、といっているのである。ということはつまり、「名前の意味」でも、「ときどき」以外の場合には、「使用」こそが「意味」であるということになるだろう。

たしかに、たとえば「中村昇」という名前であれば、特定の人物(その名の担い手)を示せば、その名の意味を説明したことになるかも知れない(むろんこれも、にわかには首肯できない)。しかし、あくまでも、「ときどき、そのような説明を、不特定の人がする」というだけの話なのだ。それが正しいとか、おかしいとかは、ここでは一切いっていない。

以上のことからわかるのは、この「語の意味は、その語の使用だ」といういい方は、われわれの言語ゲームにおける「語の意味」という概念の漠然としたあらわれ方とでもいうものだろう。定義でも、例外のない法則でも、ましてや公理などでは、けっしてない。それこそ、言語の使用の現場における、ある種のおおまかな経験則とでもいうべきものだろう。

しかし、それにしても、この「語の意味は、その語の使用だ」という文の意味そのものは、かなりわかりにくいのではないか。そう簡単には理解できないと思う。そこで、この文そのものの意味を細かく見ていきたい。

まず、この文の主語と述語には、ねじれがあるのではないか。「意味」という主語と、「使用」という述語との関係がどうもよくわからない。たとえば、「語の意味は、その指示対象だ」というのならわかる。あるいは、「語の意味は、その語にともなう観念だ」や「語の意味は、発話者の意図だ」というのもわかりやすい。なぜなら、「意味」という抽象的な語に対して、「対象」「観念」「意図」というのは、(ある意味で)より具体的になっているからだろう。「AはBである」という場合、もしAが抽象的な名詞であれば、Bはより具体的な(よりわかりやすい)語でなければ説明にならない。そうでなければ、主語と述語の関係があいまいなものになってしまう。

これは、包摂関係をいっているわけではない。たとえば「人間は、動物である」は、「人間」の方が、「動物」より、ある意味で具体的であろう。「動物」という概念の方が、「人間」という概念を包摂しているからだ。しかし、この文全体の意味は、「人間」が、どのような種類のものであるかを説明するために、「動物」というわかりやすいカテゴリーに属していることを示したといえるだろう。「人間」という存在の種類(「動物」)を示すことによって、「人間」が、より具体的に(わかりやすく）なったといえるのだ。

ところが、「語の意味は、その使用だ」という文は、「意味」と「使用」という語の抽象度が同じためなのか、あるいは、別の理由なのか、まったくその意味がわからない。たとえば、「語の意味は、その語を使用する際にでてくるものだ」というのであれば、たいへんわかりやすい。ところが、「語の意味は、その使用だ」というと、何かひじょうに唐突な感じがする。ようするに、「語の意味は、その使用だ」という文においては、「意味」という語も、「使用」という語も漠然としすぎているのだ。あるいは、「意味」と「使用」の意味的カテゴリーがまったく異なっているような印象を受ける。だから、「意味は、その語の使用だ」という文は、たとえば「友情は、運動だ」といわれている時のような違和感をこちらに与えてしまう。

しかし、このいい方は、ウィトゲンシュタインのいい間違いなどではない。あきらかに意図的に、こうした表現をしていると思われる。われわれは通常、名詞があると、それに対応した〈何か〉を想定してしまう。前述したように、それは、名詞のなかのごく具体的なもの（たとえば、「机」、「ボールペン」、「家」など）に実際の対象が対応している（とわれわれが思っている）からだ。だから、ついつい抽象的な名詞（たとえば、「愛」、「雰囲気」、「関係」など）でも、何かしら〈もの〉のようなものが対応しているかのように思ってしまう。これは、はっきり錯誤であって、あたり前だけれども（何度もくりかえすが）、名詞だからといって何かにかならず対応しているわけではない。

だから、「意味」という名詞があるからといって、何かしら「〈もの〉のようなもの」(もちろん、これは具体物でもイデア的なものでも同じである)が、「意味」という語に対応しているわけではない。このことをまずウィトゲンシュタインは、強調したかったのだろう。だから、あえて「語の意味は、その使用だ」といういい方をしたにちがいない。「意味」という語に、何かしら「もの」(たとえば、対象、観念、意図、感情など)が対応しているわけではない。そこを勘違いすると、「文法による錯誤」によって、出発点ですでにつまずいてしまうというわけだ。

「意味」という語に対応する「何か」はない。つまり、「意味」は、わかりやすいかたちで存在してはいない。そうなると、「語の意味は、その使用だ」というのは、たとえば、その語を使用している場で、意味にかかわる側面(「意味」といったいい方で表現するとわかりやすくなること)が生じるということだろうか。われわれが、ある語を使用する、その使用にとりたてて滞りがなければ、その語の意味が生じている(といっても、対象的な〈何か〉があるわけではもちろんない)といっていいということだろうか。逆に、もし、ある語を使用していた時、コミュニケーションがうまくいかなくなったら、そこには、その語の意味は生じていなかったということになるのだろうか。

いや、そうではないだろう。これでは、「その語の意味は、その語の使用」ということにはならない。〈意味的なもの〉という〈もの〉が、ここには、あらわれているからだ。やはり、意味的な

〈もの〉が、生じるとか生じないとかといったことではないのではないか。そのような〈もの〉を、まず前提しないところから出発しなければならないのだ。

もう一度確認しよう。たとえば、「彫琢（ちょうたく）」という語は、とても抽象的であると、われわれは思う。日本語を母語にしていれば、「彫琢」という語のもつ背景のようなもの（抽象度やほかの語との関係や使用される文脈など）を知っているだろう。母語を習得するためには、多くの文章やさまざまな会話を経験しているはずだからだ。その背景のなかに、「彫琢」という語は、否応なく収まっている。ただ、このことに「彫琢」の意味がどのようにかかわっているのかまでは、わからない。とにかく、「彫琢」という語が、日本語の語彙のなかにあるということはわかる。しかし、その背景があるからこそ、われわれは「彫琢」という語を使用の現場で実際に使うことができるのだ。

このように考えれば、「語の意味は、その語の使用だ」というのは、「語の意味」というものを、徹頭徹尾実体化せず、それ（「語の意味」なる何か）を完全にずらして、「語の使用」といっているのではないか。つまり、「彫琢」という語で説明すれば、「『彫琢』という語の意味は、『彫琢』という語を使っていることだよ」といって、それ以上何もいわない、ということではないのか。「『彫琢』という語の意味は」といって一拍おくと、誰しも、「彫琢」という語の意味を何かしらのかたちで存在する〈もの〉だとイメージしてしまう。そこで、「「彫琢」という語を使うことだよ」というと、いったん生じた〈もの〉が、中空に宙づりになって挙句のはてに分解してしまうのではないか。まさに、文法にだまされた瞬間に、それをこなごなに破壊するような効果があるのではないだろうか。あとに残るのは、「彫琢」という語が、さまざまな場面で使われているというイメージだけになるだろう。「彫琢」という語はさまざまな場面で使われている、それだけだ、それ以上何もない、ということになる。

ウィトゲンシュタインは、あきらかに主語と述語とのねじれを最大限に利用して、語の意味を消滅させ、使用現場の渾然とした状態をそこに提示したのではないか。「語の意味は、その語の使用」といった時、一つの語が問題になっているようで、実は「使用」といわれたとたんに、そこには、さまざまな文がいりみだれて登場することになるだろう。その語を母語としている者同士であれば、「語」だけで言語活動が成りたつなどということはありえないからだ。

実際の使用以外に、何か秘密のようなものや語に付随したイデア的なものがあるわけではない。使用そのものの裏側や内実はどこにもない。あるのは、ただ語を使うということだけだ。したがって、意味が使用だということは、「意味など存在しない、存在するのは、その語の具体的な使用だけだ」という意味になるのではないだろうか。

「語の意味は、その語の使用だ」という文の意味が、このようなものだとして、それでウィトゲンシュタインは、いったい何がいいたいのだろうか。それはあきらかだ。語の意味は、その語のすべての使用の場面で、同じような意味をもっているわけではない。一つの語に対応するようなその語の統一的な意味などは存在しない、ということだろう。

その時、われわれは何をすればよいのか。それは、その語が使われている具体的な個々の文脈を観察することだろう。こちら側に、その語の意味など一切前提せずに、ただじっと実際の使われ方を見ること。これだけだ。

そうすると、そこには、「家族的類似」なるものが浮かび上がってくるというわけである。

二、家族的類似（第65節、第66節、第67節、第69節、第70節、第71節）

ここから、「家族的類似」について見てみよう。まずは、第65節。

ここで、われわれは、これらすべての考察の背後にひそんでいる大きな問題につきあたる。――というのは、人は今やわたしに向かってつぎのように反論するかも知れないからだ。「お前は安易なやり方をしている！　あらゆる可能な言語ゲームについて語ってはいるが、しかし、言語ゲームにとって本質的なものはいったい何か、したがって言語の本質は何なのか、お前はどこにもいっていない。これらすべての出来事に共通なものは何なのか、そして、それらを言語や言語の一部にするものは何なのか。どこにもいっていないではないか。おまえは、だから、以前自分の頭をもっとも悩ました研究の部分、すなわち、命題の一般形式と言語の一般形式にかんする部分を、まさに断念しているのだ。」と。（65）

「語の意味は、その語の使用だ」という不思議な文を提示すると同時に、ウィトゲンシュタインは、語の使用の現場におりたっていった。その際もっとも障害となるのは、「本質」や「共通なもの」そして「一般形式」などといわれるものだ。

何らかの語が存在するためには、その語の本質のようなものがあるとわれわれはつい思ってしまう。「命題」「言語」といった語があれば、それは、それに見合う「本質」が基盤に（あるいは背景に、あるいはどこかに）あるからだと思ってしまうのだ。語の「意味」を知りたければ辞書を引け。そこには、その語の本質をあらわす「意味」なるものが的確にかつ簡潔に書かれているだろう、というわけだ。

ここでは、『論理哲学論考』でおこなったような「命題の一般形式」（つまりは、「言語の一般形式」）の探究を断念し、あらゆる可能な言語ゲームを列挙しているだけではないか、と（ウィトゲンシュタインがつくりだした相手に）批判されている。批判者たちは、「本質」や「共通」「一般」といった概念によって表現されるものこそが哲学が探るべきものであり、それを手に入れれば、すべての具体的な現象が一挙に澄みわたって見えるはずだと考えているのだ。

それに対してウィトゲンシュタインは、つぎのように答える。

たしかにその通りだ。——言語と呼ばれるものすべてに共通な何かを述べる代わりに、わたしは、これらの現象すべてに同じことばを使っているからといって、それらに共通なものなど何一つない、――これらの現象はたがいに多くの異なった仕方で類似しているのだ、といっているのである。そして、このように類似しているということ、あるいは、これら多くの類似性のために、われわれはこれらの現象すべてを「言語」と呼ぶ。(65)

同じ語だからといって、それがあらわす現象に共通のものがあるわけではない。たしかに同じ語を使っているのだから、まるでちがうというわけではないだろう。たしかに、同じ語を使う現象は似てはいる。しかし、その似ている仕方も、同じように似ているわけではなく、異なったさまざまな仕方で似ているのだ。類似性も多様なあり方をしているというわけである。多くの異なった似通い方によって、一つの語にかかわる仲間たち(現象群)が形成されているのだ。

ここでウィトゲンシュタインは、「言語」と呼ばれているものがただ一つの共通の形式や性質をもつのではなく、多くの類似性の網の目によって織りあげられた集合体だといいたいのである。そして、つぎの節で今度は、具体的に「ゲーム」という語を使って考察し始める。この第65節から第66節へといたる流れを考えれば、あきらかに「言語」という語の類似による多様体と、「ゲーム」によってあらわされるものが連続していることがわかるだろう。

つまりここでウィトゲンシュタインは、「言語=ゲーム」を想定しているのだ。第66節を見てみよう。

たとえば、われわれが「ゲーム」と呼んでいる出来事を一度見てみよう。ボードゲーム、カードゲーム、球技（ゲーム）、競技（ゲーム）などなど。これらすべてに共通なものは何か。――「何か共通なものがあるにちがいない、そうでなければ、それらを『ゲーム』とはいわない」などといってはならない。――それらすべてに何か共通なものがあるかどうか、見よ。――なぜなら、それらをよく見れば、すべてに共通なものは見えないだろうが、それらの類似性や連関は見えてくるだろう。しかも、はりめぐらされた網の目のように。すでに述べたように、考えるな、見よ！（66）

「ゲーム」という語によってあらわされるさまざまな現象がある。同じ語が使ってあるから、ある共通の特徴があるのだろうとわれわれはつい思ってしまう。しかし、そのような考えをもつな、とウィトゲンシュタインはいう。「同じ」語だからといって、「共通」なものがあるということを前提してはいけない。

本当に共通なものがあるかどうか見ること。これが語の意味にたどりつくための第一歩である。「ゲーム」と呼ばれる多様な現象をよく見るならば、すべてに共通なものなど見えてこない。ただ、もちろんさまざまな関連や類似はあるだろう。「勝ち負けが決まる」「複数の人間が参加する」「道具を使う」「時間の制限がある」などなど。でも、どれもすべてに共通する要素ではない。いずれにも例外が多くあるからだ。

共通性ではなく、こうした類似性を見ることこそが、語の意味（というものがあるとすれば）への道なのである。そして「考えるな、見よ」という有名なことばがつづく。この命令文は、先にでてきた「語の意味とは、その語の使用だ」というテーゼとぴったり対応している。つまり、「語の（本質的な）意味を考えるな、その（具体的な）使用を見よ」ということになるだろう。

だからこそ、「語の意味とは、その使用だ」という文において、その主語（「意味」）と述語（「使用」）はねじれていたのだ。もともと、「考える対象」（意味）と「見る対象」（使用）とは、同じカテゴリーのものではないのだから。一つの語（ここでは、「言語」や「ゲーム」）があるからといって、その語により示される共通の意味を考えても無駄だ。そのような本質的な〈もの〉は存在しない。そのような先入見にとらわれずに、その語が使用されるそれぞれの現場をじっと観察してみよ。そうすれば、そこには、多くの類似性が見てとれるだろう。それこそ、もしそういってよければ、「意味」といえるものなのかも知れない。しかし、それは従来の「意味」とはまったく異なるものだろう、というわけだ。

さらにウィトゲンシュタインは、つづけていう。

たとえば、ボードゲームをその多様な連関ともどもじっくり見てみよう。ついで、カードゲームへ移ってみよ。そこでは、最初の一群との対応をたくさん見いだすであろうが、共通の特徴がたくさん姿を消して、別の特性があらわれてくる。そこで球技（ゲーム）へ移っていけば、共通なものがいくつか残るが、しかし、たくさんのものが消えていく。――これらすべては「楽しい」のだろうか。将棋と五目並べを比べてみよ。あるいは、どのゲームでも勝ち負けとか、プレーヤー同士の競争があるだろうか。一人でやる神経衰弱を考えてみよ。球技には、勝ち負けはあるが、子供が壁にボール投げをしている場合は、この特徴は消えるだろう。テクニックや運がどのような役割を演じているかを見よ。将棋とテニスのテクニックが、どれほどちがうかを見よ。また円陣ゲームを考えてみよ。ここには娯楽という要素があるが、しかし、どれほどほかの多くの特性が消え失せていることか。このようにして、われわれは、このほかにも実にたくさんのゲーム群を見てまわることができる。類似性が姿をあらわすかと思えば、それが消え失せていくのを見るのだ。(66)

前にも述べたように、ドイツ語のSpiel（ゲーム）には、いくつかの語義がある。その意味に対応するように、さまざまなゲームがあらわれては消えていく。囲碁、将棋、チェス、多くのスポーツ、一人遊び、にらめっこ、大食い競争、あるいは演劇なども「ゲーム」といえるだろう。そのつどの類似性だけに着目すれば、それぞれのゲームはさほど関連のない雑多なものなのに、全体としては大きな集合体をなしていることがわかるだろう。しかも、多様であり境界はなく、どこまでも拡大していくような集合だ。

この漠然とした全体は、もはや「ゲーム」とはいえないものにも類似性によってつながっていく。たとえば、腕相撲というゲームから「手を握りあう」という類似によって握手へ、将棋というゲームから着物を着るという類似によって落語へ。この類似性の重なりあいは、無限に拡がっていく可能性をもつ。

ウィトゲンシュタインは、いう。

すると、この観察の結果は、今やつぎのようになる。われわれは、たがいに重なりあい、交差しあっている複雑な類似性の網の目を見た。大まかな類似性や細かな類似性があった、と。

(66)

この織物は、類似性によってできあがっているのだから、「ゲーム」という語がきっかけであることはたしかだけれども、類似という関係性のみによって織りあがっている。類似という波によってできている広く深い海のところどころに語というブイが浮かんでいるようなものだろう。あたり前だが、あきらかに類似（海の波）の方が圧倒的に多い。
このような波にウィトゲンシュタインは、名前をつける。

わたしは、このような類似性を「家族的類似」という語以外に、うまく特徴づけることができない。なぜなら、家族のメンバー間に成りたっているさまざまな類似性、たとえば身体（からだ）つき、顔つき、眼の色、歩き方、気質なども、同じように重なりあい、交差しあっているからだ。——だから、わたしは、「ゲーム」が一つの家族を形成しているといおう。（67）

以前別の本でも書いたが、この「家族」（Familie）というのは、「一族」「親族」「一門」といった意味もあるので、「一族に見られる類似」くらいが訳語としてはいいのかも知れない。「家族」では、とくに現代の「核家族」では、その類似性の網の目が少なすぎるだろう。たとえば、お正月や法事などで、親族一同がそろった時、そこには、多くの類似が見いだせる。性格、顔、仕種、髪の色や質などなど、いくらでも似ているところが指摘できるだろう。こうして、すべてに共通した一つの性質（親族全員が共有しているもの）ではなく、多くのさまざまな共通性が錯綜してつながりあい接触しあっている、境界のない集合体ができあがるのだ。これが、「家族的類似（一族に見られる類似）」であり、これが「ゲーム」という語によって形成されている多様体なのである。

前にも述べたように、第65節で「言語」という語が例にだされ、それを受けて第66節で「ゲーム」という語に移っているのだから、ここでの議論は、あきらかに言語ゲームをテーマにしているといえるだろう。そうなると、このあたりの「家族的類似（一族に見られる類似）」という語には、二重の意味がこめられていることになる。すなわち、「言語ゲームのあり方」と「語の意味」という二つの意味だ。語の意味は、内包（その語の定義をすること）や外延（その語の具体例を列挙すること）といったやり方で説明できるものではなく、「家族的類似（一族に見られる類似）」というあり方を示すしかない。これは、「語の意味」の説明である。

だが他方で、「言語ゲーム」というわれわれの言語活動のあり方も、やはり、「家族的類似（一族に見られる類似）」という集合をなしているということもいっているのではないか。このあたりの数節は、こうした二重の意味を底流に進んでいると思う。

さらに第69節では、そのような「家族的類似（一族に見られる類似）」には、境界がないことが示される。

> ゲームとは何であるかを誰かに説明するにはどうするのか。われわれはかれにいろいろなゲームを紹介して、それにくわえて「こうしたもの、それに、これらに似たものを、〈ゲーム〉と呼んでいるのだ」というのではないか。だって私たちも、それ以上のことは知らないの

だから。他人に対してだけ、ゲームとは何であるかを正確にいえないわけではないのだ。——しかし、これは知らないということではない。われわれが境界を知らないのは、境界線など引かれていないからだ。すでに述べたように、われわれは——特別な目的のために——境界線を引くことはできる。だが、そうすることによって初めて概念が使えるようになるのだろうか。断じてそうではない。特別な目的があるのなら別だけれど。それは、ちょうど「一歩幅」という長さの尺度を使えるようにした人が、「一歩幅＝75センチ」という定義をくだしたわけではないのと同じだ。（69）

ここで述べられていることが、意味のあり方である。こうして、われわれは意味を説明していく。どうしても、ある一つの語があると、その語が、特定の〈意味なるもの〉をもっていると私たちは思ってしまう。何度もいうように、ウィトゲンシュタインによれば、それは根深い先入見であって、多くの人がおちいる陥穽なのだ。「ゲーム」という語が、単独の語として知覚できるからといって、それに応じた意味の領域があるわけではない。「ゲーム」という語は、多くの動植物によって日々生成変化していく生物多様性のようなものであり、境界もないし、はっきりと細分化できるものでもない。

ウィトゲンシュタインもいうように、初めから、「境界線など引かれていない」のだ。「ゲーム」

という語は、「勝負」や「関係」や「遊び」という語に自然につながっていくだろうし、さらに「勝負」や「関係」や「遊び」もまた、それぞれ多くの語につながっていくだろう。このように考えれば、「一つの語」などというい方は、少なくとも意味を話題にする限り矛盾したいい方になるのかも知れない。「一つの語」には、他の多くの語が潜在的にたたみこまれているからだ。

しかも、境界線を引けば、ことがわかりやすくなるかといえば、そうはいかない。たしかに、論理学や数学は、境界線を鮮明に引くだろう。しかし、それは、われわれの日常とはまるで異なっているからできるのだ。論理学や数学の世界は、特別のゲームがおこなわれているのであり、日々の言語使用や活動とは、ほとんど接点はない。われわれの日常世界は、複雑で曖昧で不正確さが充溢している。

しかし、そのような世界で、「正確さ」を求めるとすれば、その「正確さ」は、「曖昧で不正確なもの」になるのではないか。この世界をそのまままるごと正確に記述すれば、その記述は、とてつもなく不正確で曖昧なものになるだろう。それを「正確」といわないで、何を「正確」といえるだろうか。

さてウィトゲンシュタインは、つぎの節でこのようにいう。

「しかし、『ゲーム』という概念がこんなぐあいに限定されていないのなら、君は、自分の考えている『ゲーム』の何たるかが、もともとわかっていないのだ。」――わたしが「その土地はすっかり植物で覆われていた」という時、――わたしが植物の定義をくだせない限り、自分の語っていることについて何もわかっていない、と君はいいたいのだろうか。(70)

われわれは、母語を自在に使いこなす。しかし、だからといって自分が使っている語を「正確に」説明することなどできはしない。何か文を口にしたあとで、その文のなかの語をのこらず正確に説明してくれといわれると、たいていの人は、しどろもどろになるだろう。

われわれは、よく知っている語だけを使って言語活動をしているわけではない。漠然とわかっている(あるいは、わかっているつもりの)語を何も考えずに駆使して会話をしたり文章をつづったりしている。しかし、それで不都合などほとんど生じない。何事もなく日常的な言語活動は進行していく。これが、われわれの「言語ゲーム」の真の姿なのだ。

たたみかけるように、第71節でウィトゲンシュタインはつぎのようにいう。

「「ゲーム」という概念は、輪郭のぼやけた概念だということができる。――「だが、ぼやけた概念など、そもそも概念なのか。」――ピンボケの写真など、そもそも人物写真なのか。でも、ピンボケの写真を鮮明な写真でおきかえることが、いつも都合のいいことなのか。ピンボケのものこそ、まさにわれわれがしばしば必要としているものではないのか。

フレーゲは概念を領域と比較していう。明確に境界の決まっていない領域を、一般に領域と呼ぶことはできない、と。その意味は、おそらく、そんなものでは、われわれは何事も始めることができない、ということだ。——しかし、「どこかこの辺に立っていろ！」ということは無意味だろうか。わたしが誰かと広場に立っていて、このようにいったと考えよ。その際、わたしはどのような境界線も引かず、おそらく手でもって——あたかも一定の地点を指示しているかのような——指示の動作をするだろう。そして、まさにこうして、われわれはゲームの何たるかを説明するのだ。いくつかの例を挙げ、それらがある意味で了解されることを期待する。——しかし、このように表現したからといって、わたしは、かれが今やそれらの例のなかに、わたしが——何らかの理由で——述べることのできなかった共通のものを見つけてほしい、などと思っているわけではない。そうではなく、かれがそれらの例を今や一定の仕方で使用してほしい、といっているのだ。例を挙げるのは、ここでは——もっとよい方法がないからとられる——間接的な説明手段ではない。なぜなら、どのような一般的な説明も誤解されうるからだ。このようにしてわれわれはまさにゲームをおこなっているのである。（ここで「ゲーム」というのは、言語ゲームのことだ）（71）

たしかに論理学のような「ゲーム」であれば、最初に明確に境界のさだまった領域が必要だろう。しかし、われわれの日常の言語ゲームは、そのような「論理ゲーム」ではない。もっと漠然としていて、だが（だからこそ）同時により繊細な「ゲーム」なのだ。概念や意味に境界線を引くことはできないし、引くことができたとしても、それは毎瞬変化していくだろう。ピンボケでなければ、このような世界には適応できないのである。先述したように、われわれの住む世界では、「不正確（ピンボケ）こそ正確（ピントが合っている）」なのだ。

「どこかこの辺に立っていろ」といわれて、「もっと正確にミリ単位で立つ位置を、右足と左足にかんして、それぞれいっていただかなければ、わたしはとうてい立つことはできません」などといっていたのでは、この世界でほかの人たちと自然な交流をしながら生きていくことはできない。「適当」や「いい加減」という語の二重の意味が、二重のままで、そのままあてはまるのが、この世界のありさまなのだ。あるいは、われわれの世界がこういう状態だからこそ、「適当」と「いい加減」の意味が、現在のように二重化したともいえるだろう。

「家族的類似（一族に見られる類似）」についてまとめてみよう。ウィトゲンシュタインのいう語の意味というのは、その語の使用であり、その使用をわれわれは、「考えずに見る」のでなければならない。ここには、「語の意味」にかんする大きな態度変更があるといえるだろう。

たとえば、このように解釈できないだろうか。「考える」というのは、いわば、数学の問題を考える時のように、ある結果（答）を目指すことである。たしかにぼんやり考えることもあるだろうが、「考える」の場合は、「思う」などの動詞よりも、より結果を重視しているといえるのではないか、と。

それに対して、「見る」とは、どのような行為だろうか。たとえば、絵画を見る場合、特定の答を見つけるために見ているわけではない。その絵をひたすら見ているだけだ。そこでは、答や結果は、まったく関係ない。このような観点にたてば、ウィトゲンシュタインのいう「考えるな、見よ」というのは、「語の意味」について、数学や論理学の問題を解くように、答（「語の意味」）を得るために考えるのではなく、絵を眺めるように、その語の使用の現場をただただ「見る」ことに専念せよということになるのではないだろうか。

「ゲーム」という語の意味は、「〜だ」というかたちで断言（定義）できるものではない。さまざまな場面で「ゲーム」が使われているのを「見る」ならば、それはわかるだろう。絵画全体の印象は、漠然としていて正確にことばにできるようなものではないけれども、印象そのものははっきりとこちらに伝わってくる。名画であれば、感動という明白なものが、こちら側で生じるだろう。それと同じように、「ゲーム」という語の使用は、多様なケースがあり、そこに共通なものをとても見いだすことはできないかも知れないけれども、何かしら、「ゲーム」が「ゲーム」である所以のようなものが、その用法群のなかに、すけて「見える」だろう。つまり、そこには、「ゲーム」という語の「家族的類似」が、ぼんやりと浮かんで見えるのだ。
これが、ウィトゲンシュタインの「考えるな、見よ」ということの真意ではないのか。

column　ウィトゲンシュタインの哲学

ウィトゲンシュタインの哲学的思考は、たとえば、カントやヘーゲルといった哲学者とは大きく異なる。「理性」や「悟性」、あるいは「弁証法」といった用語など、まったくでてこない。「言語ゲーム」「家族的類似」「私的言語」など、誰にでも容易に意味がわかる語しか登場しない。専門用語などとは、とてもいえない語ばかりだ。ウィトゲンシュタインの哲学は、いくつかの難解な概念を身につけ、それから専門家だけに通用するゲームに参加するような「哲学」とは無縁なのである。とくに日本語を母語とするわれわれにとって、「理性」や「悟性」などという語は、むりやりその概念内容を自分のなかにつくりあげなければならない。われわれだけではない。カントの『純粋理性批判』などは、ドイツ語を母語とする者にとっても、かなりの難物らしい（あまりにも難しいので、『純粋理性批判』をもとのドイツ語ではなく、あえて英訳で読んだといったオーストリア人の哲学研究者もいた）。

われわれが実際に経験し目にしているのは、具体的な考えや、たえまない思考の流れであり、身体の動きであり、さまざまな物質だ。つまりは、日々のこまごました生活にかかわることなのだ。ウィトゲンシュタインは、けっして「理性」や「悟性」、「弁証法」といったことばは使わない。ただ、もしこれらの語が、実質的な内容をもっているのであれば、それが本当に働いている現場をかれは記述するだろう。たとえていえば、「美しい」や「すごい」と大雑把で抽象的ないい方をするのではなく、そういいたくなるような具体的な様子をつぶさに描くのがウィトゲンシュタインのやり方だ。「美とは何か」「倫理とは何か」といった問を大上段から提出して、日常からかけ離れた概念で考えるのではなく、具体的に「美」や「倫理」を生きたり経験したりする（美的な、倫理的な生き方をする）ことを重視するのである。このような方法論には、前期から一貫している「語る」と「示す」のちがいが潜在しているといえるだろう。余計なことを語るのではなく、それを示すことを優先するのだ。ようするに、「語りえないものについては沈黙する」のである。

「意味」という概念もそうだ。「意味」という誰にでもすぐわかることばであったとしても、本当にそのようなものが、われわれの言語実践の場で働いているのか。あるいは、あえて「意味」などという必要があるのか。といった問題を提示する。具体的なわれわれの〈生〉において、「意味」がそのままあらわれる場面があり、それをわれわれが確認できるのか、というわけだ。どんなに普段から使っている語であったとしても、必要でないものはけっして使わない。この点からするとウィトゲンシュタインは、いわば、とてつもなく切れ味のいい「オッカムの剃刀」の使い手だといえるだろう。

このような方法こそ、ウィトゲンシュタインの本領なのだ。他の哲学者とはっきり異なるのは、不必要で抽象的な概念を徹底して排除し、具体的で力動的な「生の場」に密着するというやり方だといえるだろう。ウィトゲンシュタインは、絶対に〈ここ〉から離れない。

ウィトゲンシュタインは、哲学的思索を潜水にたとえた。

かれが何か問題を解決するために必死になっているのを見ると、誰も本当の人間苦を目の前にしている思いがしたものである。ウィトゲンシュタインは哲学的思考を水泳にたとえる比喩を好んでいた。水泳では、人間のからだは自然に水面に浮かびあがる傾向がある。人間は水底に潜ろうと努めなければならない。哲学も同じようなものだ、と。(ノーマン・マルコム『ウィトゲンシュタイン　天才哲学者の思い出』七〇頁)

ウィトゲンシュタインほど、真の意味で哲学者だと思わせる者はいない。優秀な哲学史家、概念の操作が巧みな哲学者、該博な知識をもつ紹介者などはいくらでもいるが、ウィトゲンシュタインのような人物は本当に稀だ。ややタイプは異なるが、フッサールには似ているかも知れない。哲学史の知識を背景に通り一遍の考察をするのではなく、ウィトゲンシュタインは、一気に垂直に事象を掘削する。対象である事態を完全に理解できるまで考えることをやめない。哲学の問題にたちむかうのは、水中に潜るようなものだというのは、この哲学者にとっては実に的確な比喩だと思う。だんだん重くのしかかってくる水圧に抗いながら、深海へと自ら無理に沈んでいこうとする態度は、いかにも『哲学探究』を書いた人らしい。『探究』の凝縮された内容は、おそらく、そのようなやり方でしか表現できなかっただろう。

深くほりさげる哲学的思索の「感覚」をウィトゲンシュタインは、このように表現している。

> たとえば、たいていの数学者のように、哲学的な研究を一度もしたことがない人には、その種の研究や検査に必要な適切な視覚器官がそなわっていない。ほぼそれは、森で花やベリーや薬草を探しなれていない人が、それらを見つけられないのに似ている。その人の目はそういうものに敏感でないし、とくにどんな場所で目を凝らさなけ

ればならないか、わかっていないからだ。同様に、哲学の練習をしたことのない人は、難問が草むらに潜んでいる場所を、ことごとく通りすぎてしまう。哲学の練習をしたことのある人なら、そこに立ちどまり、まだ難問を発見していないにもかかわらず、「ここにあるぞ」と感じるのだ。――だが、練習をつんだ人でも、「ここに難問があるぞ」とちゃんと気がついても、それを発見するまでには、ずいぶん長いあいだ探さなくてはならない。とはいえ、それは驚くにはあたらない。

うまく隠されているものを発見するのは、難しい。(『反哲学的断章』丘沢静也訳、青土社、一九九九年、八九〜九〇頁)

ウィトゲンシュタインが日々おこなっていた哲学という営為の始まりは、鬱蒼とした森のなかで、小さな木の実を見つけることから始まるという。われわれは、とりたてて違和感なく毎日生活している。しかし、哲学的訓練をつんだ者にとっては、多くの難問が日々の暮らしのなかに潜んでいるということだろう。その難問にうすうす気づいても、はっきりそれを指摘するまでたいへんだとウィトゲンシュタインはいう。そのように「隠されているもの」を発見し、さらに水圧に逆らい海底にまでもぐり困難な問と格闘するのが、ウィトゲンシュタインの哲学なのだ。

そして、この哲学者が、前期からかわらず一貫しておこなっている哲学の方法は、「言語批判」ということになる。

われわれは言語と戦っている。
われわれは言語と戦争中だ。（『反哲学的断章』四六頁）

私たちがいつも使っている「言語」こそが、哲学において難問をつくる最大の原因なのだ。ことばの罠にかかり、さまざまな問題が出来（しゅったい）する。とくに哲学の長い歴史において議論されてきた多くの問が、言語による錯誤から生じたとウィトゲンシュタインはいう。

このように考えれば、ウィトゲンシュタインの哲学とは、自分自身と密着していて、かつ、どうしても必要なものを、その密着している当のものを使って、一つ一つ吟味していくという作業だといえるだろう。ことばによって拘束され、時にことばによってだまされもする状態から、同じことばによってわれわれを解き放ち、本来の道へとみちびく。これは、自らのあり方が分裂せざるをえない、とてつもなく困難な道だといえるだろう。これがウィトゲンシュタインの「哲学」なのである。

このような過酷な作業をつねにおこなう哲学を職業にすることについてウィトゲンシュ

タインは、大きな疑問と底知れない嫌悪をいだいていた。

ウィトゲンシュタインは、哲学の教師になるというわたしの志望を思いとどまらせたがった。何かその代わりに農場や牧場のようなところでできる肉体労働がないものか、とわたしにたずねた。かれは、学者の生活というもの、とくに専門の哲学者の生活を毛嫌いしていた。まともな人間には大学の教師などつとまらないし、正直で生まじめな人にも大学教師は向かないと思っていた。友人のスマイシーズについて「かれは、絶対に教職にはつけない人だ。生まじめすぎるから」と、ある時、わたしにいったこともある。（中略）かれは、なにごとでも、気どりと偽善を心から憎んでいた。（ノーマン・マルコム『ウィトゲンシュタイン　天才哲学者の思い出』二二一～二二三頁）

スマイシーズについての「生まじめすぎるから教職にはつけない」ということばからすれば、ウィトゲンシュタインは、「哲学を教える」ことを生まじめにおこなうなどというのは、とうてい不可能だと考えていたことがわかるだろう。哲学とは、ウィトゲンシュタインにとって、もっとも使い慣れた言語と、それにかかわるもろもろの事柄を、仔細に腑分けし恒常的に熟考していくという作業だ。意識や思考の分裂状態を生きぬかなければならない。このような苦行のような行為を他の人間に教え、かつ、それを職業にするなどということは、絶対にできないということであろう。職業にしてしまえば、このような苦行を自らおこなう能力がたまたま発揮できない時でも、あるいは、枯渇してしまっても、やめるわけにはいかないだろうし、とどのつまりごまかすしかなくなるからだ。こんなことは、ウィトゲンシュタインにとっては、許すことのできない詐欺行為にちがいない。

ウィトゲンシュタインにとって哲学というのは、一部の選ばれた人だけに課された苦しい営為であって、そのような人たちは、哲学をするという呪われた能力によって一生苦しみつづけなければならないのである。

第四章　私的言語

一、ひとりごとしかいわない人たち（第243節）

ここから、「私的言語論」が展開される節を見ていきたい。まず、この議論の結論だけ先にいってしまおう。それは、私たちは、自分自身の私的な事柄については、どれほど工夫しても言語によっては表現できないということだ。自分だけが感じている感覚や、内側から湧きあがる強烈な感情などを言語によってあらわそうとしても絶対にうまくいかない。ことばは、私的なものをかならずとり逃してしまう。これは、ごくあたり前のことだけれども、われわれは、しばしばここで錯誤をおかす。ことばで感覚や感情をあらわすことができるとつい考えてしまうのだ。

誰でもよくわかっているようなことを、ウィトゲンシュタインは、実にしつこく論じていく。通常人が暗黙の前提としていることを一つひとつたしかめていくのだ。みんなが何も考えずにその上を歩いている敷石を一枚いちまい裏返していくように。この「私的言語論」の文脈でも、この執拗さを体験してみたいと思う。何といっても、こうした粘りづよい手法こそ、この哲学者のもちあじだからだ。

まずは、第243節の前半を引用してみよう。

人は、自分を奮いたたせ、自分に命令し、それに服従し、自分をとがめ、罰し、自分に問いかけ、それに答えたりすることがある。だから、ひとりごとしかいわない人たちを、思い浮かべることもできるだろう。そのような人たちの活動には、ひとりごとがついてまわるというわけだ。――そのような人たちを観察し、そのひとりごとを立ち聞きする研究者は、その人たちの使う言語を私たちの言語に翻訳できるかも知れない。（そうなると、この研究者は、その人たちの行動を正しく予言できるようになるかも知れない。その人たちの意図や決心を聞けるのだから）（243）

ここで登場するのは、「ひとりごとしかいわない人たち」だ。自分にそのつど何かを語りかけ、自らを奮いたたせ、自らに命令し、反省を口にし、自問自答する。こういう人間だ。しかし、このような「ひとりごと」とは、何を意味しているのだろうか。たしかに、この「ひとりごとしかいわない人たち」は、他人にはけっして語りかけないかも知れない。また、薄気味悪いので、ほかの人たちも、この「ひとりごとしかいわない人たち」には話しかけないだろう。

しかし、だからといって、この「ひとりごと」が、ほかの人間に理解できないわけではない。たしかに、その人たちが、自分にしかわからない言語を考案して、ひとりごとをいっているのであれば、他人にはわからないだろう。しかし、そのようなひとりごとでも、本人にはわからなければならない。つまり、ひとりごとをいう本人と、それを同時に聞いている本人とがいるわけだから、その二人（といっても、もちろん実際は一人）のあいだで意思疎通が成立していなければならないのだ。

ということはつまり、でたらめな言語もどきではだめだということである。それでは、当人にもわからないからだ。ひとりごとをいいつづける時、もし、その言語が本人にとって何かを意味しているのであれば、どれほど既成の言語と異なっていようとも、文法と一定の構造を有していなければならないだろう。このように考えれば、「ひとりごとしかいわない人たち」の「ひとりごと」には、たとえば、つぎのようないくつかの可能性があることになる。

①本人が創案した、まったく新しい言語
②既成の言語を本人にしかわからないように変えた言語
③既成の言語

①の場合から考えてみよう。本人がまったく新しい言語をつくりそれを使用する場合であっても、それを本人が理解できるのであれば、先述したように、その言語は、既成の言語と同じような文法

をそなえていなければならないだろう。そうなると、この言語も、その当人しか話していない場合でも、それを聞き研究すれば、既成の言語と同じような言語として他の人にとっても理解できるものとなるだろう。

あるいは、使用するそのつど、その人がまったく新しい言語をつくりつづけるということも考えられるだろう。その場合は、たしかに本人にしか理解できない真の「ひとりごと」になるのかも知れない。しかし、それも、創出されるそのつどの言語には、それぞれ文法がそなわっているのであれば、かなり面倒な作業ではあるが、それぞれ個々の言語はかならず解読されるだろう。やはり言語として発話される限り、どれほど独創的な言語であっても、既成の言語と同じようなものに結局はならざるをえないのではないか。

②はどうだろう。これもまた、研究者によって解読されるだろう。暗号解読とまったく同じだからだ。どれほど異様な使用でも、われわれが通常使っている言語が基盤となっているのであれば、辛抱強く解析すれば、その意味はおのずとあきらかになるだろう。

③はいうまでもない。聞けばただちに理解できるだろう。以上のように考えれば、「ひとりごと」しかいわない人間であっても、その「ひとりごと」が言語である限り、いずれは、われわれの公共言語のなかに入ってこざるをえない。結局のところ、完全に一人だけにしか理解できない、純粋な「ひとりごと」などというものは存在できないということになるだろう。

こうしたことを前提としてウィトゲンシュタインは、さらにつぎのような想定をする。「私的言語」といわれるものだ。誰にも理解できないその人の内的な状態をあらわす言語である。

ところで、誰かが自分の内的体験――自分の感情や気分など――を自分だけのために書きとめたり、しゃべったりできるような言語というものを考えられないだろうか。――そういうことなら、私たちのふつうの言語でできるのではないか。――いや、そうじゃない。わたしの考えている言語の単語は、しゃべる人だけにしかわからないことにかかわっているものなのだ。その人の、じかの、私的な感覚を指示しているものなのである。だから、他人には理解できない言語なのだ。(243)

自分自身の内的な経験(感情や気分)を自分だけのために書きつけたり、口にだしたりする言語を考えられるだろうかとウィトゲンシュタインは自問自答する。それに対して相手は、それはわれわれが普段使っている言語でできるのではないのかという。しかし、そんなことを考えているわけではないと、それは言下に否定される。ここから、われわれが通常考えるような「自分だけの感覚をあらわす言語」が話題になっているわけではないことが読みとれるだろう。
ここでなされる「私的言語」の定義は、つぎの二つの部分に分けられる。

①話している当人のじかの私的な感覚を指し示すもの
②他人には理解できない言語

われわれの手もちの言語では不可能だということから逆算すれば、①はかなり厳密に考える必要があるだろう。本人だけが感じている直接的な私的感覚を指し示す言語とは、いったいどのようなものなのか。われわれの私的な感覚とは、他人にはけっしてわからない。経験した本人だけがわかるものだ。だが、この「わかる」というのも誤解をうむ可能性がある。本人の私的な感覚なのだから、「わかる」のではないだろう。「経験する」だけだからだ。その「経験する」だけのものを、どうやって指し示すのか。

たとえば痛みを考えてみよう。テーブルの角に肘をぶつける。しびれるような感覚が一瞬生じる。この感覚をどのようにして指し示すのだろうか。この感覚は、その瞬間他の誰でもないその人だけにおこったものだ。それを指し示すためには、その瞬間のその感覚だけの語をつくりださなければならないだろう。

しかし、その語が言語であるとすれば（正確にいえば、言語体系のなかに存在するとすれば）、たちまち既成のものになってしまうだろう。どれほど新しい語でその感覚を指示しようとしても、その感覚の、その瞬間だけその人が感じる私的なものを指示することはできない。その感覚は、唯一無二で一回きりの語で指示されなければならないからだ。

しかし、一つの語が、唯一無二で一回きりのものであったならば、それは言語のなかにあるとはもはやいえなくなる。もし、そのような語をもつ言語が存在するならば、それは無限の単語をもつ言語となるだろう。そして、その言語は、そのつどの感覚の表出や叫びのようなものとなるにちがいない。まったく反復できない無数の異なった語によってできあがっているからだ。

したがって、これはもはや言語ではないし、②の「他人には理解できない」というのも、当然の帰結になるだろう。そのつどの異なった叫びのようなものを、他人が聞いたとしても、そこに言語としての意味を見いだすのは難しい。このように考えれば、ここで指摘されている「私的言語」というのは、けっして存在しないものなのだろうか。「私的」であって「言語」であるというのは、原理的に矛盾したことなのか。

ここからウィトゲンシュタインは、「私的」と「言語」とのはざまを執拗に探り始める。

二、痛み（第244節）

私的言語について話したあとでウィトゲンシュタインは、改めて語の指示に言及する。ただ今回指示する対象は、堅固なものではなく感覚だ。まず引用しよう。

どのようにして単語は感覚にかかわっているのだろうか。——ここには問題はないように思われる。私たちは毎日のように感覚についてしゃべったり、名前で呼んだりしているのではないか。ところで、どのようにして名前と、名前で呼ばれるものとは、結びつけられるのだろうか。この質問は、つぎの質問と同じだ。どのようにして人間は、感覚の名前の意味を学ぶのだろうか。たとえば「痛み」という単語。ことばが、感覚の素朴で自然な表現と結びつけられ、その代理をしているという可能性がある。子供がけがをして泣く。そこで大人が話しかけて、「痛いよ」と叫ぶことを教え、そのあとでいくつかの文を教える。新しい痛みの振舞をその子に教えるわけだ。（244）

指示する対象が感覚ということになると、今までの指示の問題とは、少し趣が変わってくる。自分自身の感覚は、自分の外側に視覚や触覚などによってたしかめられうるもの（たとえば、石材や机や惑星などのように）として存在しているわけではないからだ。自分の感覚を指示するとは、どのようなことか。そもそもわれわれの感覚とは、どのようなあり方をしているのだろうか。この節の例のように、「痛み」について考えてみよう。

自分自身の感覚は、あくまで内側で生じる。ただ、この「内側」というのもよくわからない。自分の身体の「内側」ということなのか、あるいは、〈わたし〉（はっきりとは特定できない〈ここ〉）の「内側」なのか。どちらだろうか。『青色本』では、つぎのような奇妙な想定がなされた。

誰かが他人の身体に、あるいは家具の一つに、あるいは何もないところに、痛みを感じるといってよいケースとして、さまざまなものが無数に考えられる。（『青色本』大森荘蔵訳、ちくま学芸文庫、二〇一〇年、一一八頁）

痛みを感じるのは、〈わたし〉なのだから、〈わたし〉の痛みがどこにあろうと、基本的には関係ない。その痛みの場所の可能性はいろいろ考えられる、ということだろう。このような想定ができるのであれば、われわれが、自らの感覚は内側で生じるという時、その「内側」とは、身体的な区分ではないということがわかる。だからといって、〈わたし〉の内側というわけでもない。なぜなら、〈わたし〉を空間的な比喩で語ることはできないからだ。たしかに、わたしの身体は、この物質世界の一部分を占めている。これはあきらかに空間的な関係だ。物質界という大きな空間のなかに、わたし自身が自分の身体分の体積をもって空間的に存在しているのだから。

しかし、それに対して、〈わたし〉はどうだろう。たしかに身体とともに、空間内を移動しているように見える。だが〈わたし〉は、今自分の身体が位置している時空とは異なるところにいくことが（想像によって）可能であるし、はっきりと空間的に確認できるものとして登場することはけっしてない。〈わたし〉は、ほかの銀河にも、ほかの地域にもいくことができ、未来や過去にも自在に移ることができる。ただ不思議なことに、自らの身体が刺激されると、さまざまな感覚を感じるのは、この〈わたし〉なのだ。〈痛い〉のは、〈わたし〉なのである。

激しい痛みが生じる時、〈わたし〉の領域（こういういい方しかできないが、今いったように本来は、空間的な比喩は禁物だ）すべてが変容する。そこには、痛みを観察する視点などない。これが「内側」ということばの意味になるだろう。ようするに「内」という語の意味は、何もあらわさないということになる。「内」という概念が有効なのは、「外」という概念との対立によってなので、このような事態を「内側」ということはできないだろう。感覚が生じる時、おしなべて「内側」になるのだから。

このような感覚を、語によって指示することができるのか、というのが本節の問なのである。痛みが生じた時、それを「痛み」として特定できるのは、痛みがすぎさった時点だ。過去の痛みを「痛み」として現時点で表現することはできるだろう。しかし、それは、あくまで過去の「痛み」にすぎない。〈痛みそのもの〉とは、似て非なるものだ。こう考えると、今感じている痛みを「痛み」という語で指示することはできないだろう。

しかし、そもそも痛みとは何だろうか。痛みというのは、構造的に〈わたしそのもの〉という内とも外ともいえない「ところ」で生じるものだった。〈ここ〉には、〈わたし〉以外の何ものも存在しない。さらに厳密にいえば、〈わたし〉も存在していない。なぜなら〈ここ〉においては、〈わたし〉と〈わたし〉以外のものとの区別がそもそも成立しないからだ。このような構造になっているのであれば、痛みが〈わたし〉において生じるということは、〈痛み＝わたし〉ということであって、それを指示することなどけっしてできないだろう。〈痛み〉は、あくまでも対象として登場することはないからだ。

さて、ウィトゲンシュタインの引用に移ろう。たしかに「私たちは毎日のように感覚についてしゃべったり、名前で呼んだりしている」(244)。これはいったいどのような事態なのだろうか。自らの〈痛みそのもの〉をわれわれは指示できない。しかし、痛みを感じた時に、それを表明することはできる。赤ん坊であれば泣くだろうし、大人であれば、呻いたり悶えたり叫んだりするだろう。このような叫びや呻きは、痛みを指示しているというよりも、何も意識しない、ただの直接の反応だ。

このような反応が生じる事態と、それに対する反応とを、われわれは何度も経験する。その経験の蓄積から、それら叫びや呻きという表明に対して、その共同体で使われている語や文を適用するようになるだろう。たとえば、「痛かったね。だいじょうぶ？」など。そういう当人も、幼い頃痛い経験をした時、周りの大人たちにそういわれて成長してきた。そのような言語のやりとりが、そういう痛さをともなう場においてなされることをくりかえし学んできたのだ。だからこそ今度は、幼児や子供に対して、そういうことばをかける大人になったのである。

この観点からウィトゲンシュタインは、「どのようにして名前と、名前で呼ばれるものとは、結びつけられるのだろうか」という問を自らたてながら、すぐさま、その問を別のいい方に変える。「どのようにして人間は、感覚の名前の意味を学ぶのだろうか」と。感覚をあらわすとされている名前とその対象とは、「指示するもの」と「指示されるもの」ではない。たしかに何らかのかたちで結びついてはいるのだろうが、その結びつきは、わかりやすい指示関係ではない。だからわれわれは、感覚の名前の「意味」を学ぶのである。もし、感覚の名前が感覚そのものを指示しているのであれば、それが意味なのだから、改めて、その意味を学ぶ必要はないだろう。感覚をもっているわれわれは、すでにその意味を知っているはずではないか。

この学習の過程は、痛みで泣き叫ぶ子供に、その泣き叫びの代わりに、「痛いよ」という文を教えることなのだろうか。つまり、「痛み」という語の意味、あるいは「痛いよ」という文の意味は、泣き叫ぶことになるのだろうか。これは一面では正しいが、誤解の可能性もある。このことについて、ウィトゲンシュタインは、最後にこういう。

「すると君は、「痛み」という単語は実は、泣き叫ぶことを意味している、というわけか」
——いや、その逆だ。痛みをことばであらわすことは、泣き叫ぶことの代わりをしているのであって、泣き叫ぶことを描写しているわけではない。(244)

「痛み」という語や痛みをあらわす文(「いたっ」「痛い」「痛いよ」など)は、痛みそのものを指しているわけでもなく、痛いので思わず泣き叫ぶということを意味しているのでもない。痛みの現場から離れて、「外側」から痛みを指示したり描写したりしているわけではなく、痛みの表出である泣き叫びの代わりをしているのだ。だから、泣き叫ぶのとまったく同じような「新しい振舞」にすぎない。この振舞をすることを、その共同体のなかで学習していくのであって、それは、〈痛みそのもの〉の指示でも描写でもない。だからこそ日本語では、「痛い」といい、英語では「Ouch」というのである。〈痛みそのもの〉とは異なる、言語ゲームのなかでの恣意的な語が、痛みの「自然な」表出の代わりをしているのだ。

三、痛みと痛みの表現とのあいだ（第245節、第246節）

第245節は、とてもみじかい。

痛みの表現と痛みとのあいだに、どうやってわたしはことばで割りこもうなどと思えるのだろうか。（245）

痛みを感じると、われわれはおのずと叫ぶ。「痛い！」という。これは、日本語を共有している者たちの痛みの表出だ。これは、後天的に学習して身につけるものだが、一度身につけると、それ以外の表出の仕方はできなくなる。ごく自然に「痛い！」という語が口をついてでるというわけだ。このような条件反射的な表出があるのに、そのような表出とは別に、痛みそのものを指示したり描写したりできるのだろうか。もちろんウィトゲンシュタインは、「できない」といっているのである。

少し詳しく見てみよう。〈わたし〉の痛みがある。これは先に述べたように、〈わたし＝痛み〉というあり方をしていた。この〈痛みそのもの〉から自然な表出として叫びがでてくる。さらに、その言語による表現として（その叫びの代わりとして）、「痛い！」という語があるのだ。この「痛い！」は、〈痛みそのもの〉を指示したり描写したりしているわけではない。ただ「自然な」表出の日本語における代替物だということになるだろう。

しかし、「自然」とはいっても、先に確認したように、母語の学習の結果であって、「不自然な」言語の領域にすでに足を踏みいれている。だからこそ日本語を話す者にとっては、「痛い！」という声を聞けば、その声の主がどのような状態なのか即座にわかるのだ。ただ、言語とはいっても、叫びと地続きであり、どこから言語的な領域が始まるかは判定できない。〈痛みそのもの〉から表出へ、という方向だけは確実だといえるだけだろう。

このような言語による表出があるのに、それよりもさらに〈痛みそのもの〉に近い言語（私的言語）が、〈痛みそのもの〉を指すことができるとは、かなり考えにくい。しかも、私的言語は、他人には理解できないのだから、そのような言語の存在を想定するのは不可能だろう。叫びや「痛い！」という声でさえ、他人に意味をともなって訴えかけるのだから、それさえもない「言語」などありえない。もし、それが言語なのであれば、〈痛み〉や〈感覚そのもの〉ではなく、言語の相対的体系という「場」にかならず組みこまれているのだから。こう考えれば、ウィトゲンシュタイン自身が定義した「私的言語」が成りたつのは、どだい無理だといえるだろう。

さらにつぎの第246節で「私的」ということについて、ウィトゲンシュタインは本格的に深くほりさげていく。

さてわたしの感覚は、どの程度まで私的なのか。——わたしが痛みを実際に感じているかどうかは、わたしだけにわかることであって、他人は推測しかできない。——それは、ある意味では間違っており、別の意味ではナンセンスだ。(246)

ここで「私的」というのは、誰にも知られないということだろう。しかし、この問はとてつもなく異様だ。自分自身の感覚が、誰にも知られないというのは、あたり前のことではないか。「どの程度まで私的なのか」などという問が成立するのだろうか。感覚とは、すべて私的なのではないか。なぜ、このようなおかしな問い方をするのか。

こう考えるとこの問は、ウィトゲンシュタインが、われわれが考えている「私的」という概念の奇妙さを際だたせるために、あえて「どの程度まで」(inwiefern)という問い方にしたのだと考えられるだろう。われわれが「私的」ということばを使う時、その語は、本当に〈私的〉な領域のことを指しているのだろうか、と問うているわけだ。「私的な領域」に実は、公共的な部分が入りこんでいるのではないのか、と。

この問に対して、ウィトゲンシュタインが想定する相手は、何も考えずに常識的な対応をする。たしかに、痛みを感じている〈わたし〉の領域に他人はけっして足を踏みいれることはできない。〈わたし〉の痛みについては、ほかの人は推測するしかないのだから、と。とてもまともな答だ。模範的ともいえる。感覚は、絶対的に私的で、ほかの人がその領域について語る時は、推測という手段しかない。

ところが、この模範的な答を引きとって、それは、ある意味では間違いであり、別の意味ではナンセンスだとウィトゲンシュタインは謎のようなことをいう。これは、どういうことだろうか。まず、自分が痛みを感じている時、そもそも他人はそのことを知ることができないのだろうか。そんなことはない。前の二つの節で議論されていた「自然な表出」があれば、他人であっても、わたしが痛いのだということを充分知ることができる。ものすごい苦痛を身体全体で表現している人（たとえば、字義通りに、七転八倒している人）を目の前にして、「あの人が、本当に痛いかどうか、わたしにはわからない」などという人はふつうはいない。わたしの痛みを、他人が「知る・わかる」ことは、充分考えられるのだ。

一方、ナンセンスだというのは、どのようなことか。それは、わたしの痛みをわたしだけが「知る・わかる」というのは、ナンセンスだといっているのである。われわれは、自分自身の痛みを「知る・わかる」ことなどできない。自分自身の痛みは、「知る」とか「知らない」といえる対象ではなく、それ以前に直接感じるものだろう。自分の痛みを「知る」、あるいは、自分の痛みを「わかる」などというい方はあきらかにおかしい。だからウィトゲンシュタインは、つぎのようにいう。

> われわれが「知る」（「わかる」）（wissen）という語を使う時は、ふつうに使われているように使うわけだが（それ以外に、いったいどんな使い方があるだろう）、他人は、ほとんどの場合、いつわたしが痛みを感じているかわかる（知っている）。――その通り、ただそうはいっても、わたし自身がわかっているほど確実にではない。――わたしにかんして「わたしが痛みをもっていることを、わたしは知っている」などとは、（冗談の時は別だけれども）いったりはしない。これは、「わたしが痛みを感じている」ということ以外に――どういう意味があるのだろうか。（246）

顔をしかめたり、呻いたり、突然うずくまったりすれば、わたしが痛みを感じていることは、誰にとってもあきらかだろう。こうしてわたしの痛みを、他人は「知る・わかる」（wissen）ことができるのだ。これが、ウィトゲンシュタインの「私的」なものに対する考え方であり、「知る・わかる」という動詞の「文法」（ウィトゲンシュタインのいう「深層文法」）に対する注釈でもある。

このように、意を尽くして説明したにもかかわらず、相手はさらに勘違いする。「ただもちろん、わたしの痛みを他人が『わかった』からといって、わたしとわたし自身の痛みとの関係のように、確実に『わかって』いるわけではない」などといってしまう。しかし、わたしとわたし自身の痛みとの関係は、「知る・わかる」という動詞で表現できるようなものではない。「わたしは、自分が痛いのを知っている」などとは、けっしていわない。ただひたすら痛いだけ（〈わたし＝痛み〉）だからだ。

「わたしが痛みをもっていることを、わたしは知っている」というのは、おかしないい方であり、ウィトゲンシュタインにいわせれば、「知る・わかる」の「文法」に違反しているということだろう。したがって、この第246節の第一段落は、最後のダッシュ（——）をのぞいて、すべてのダッシュで話者が交代していると考えられる。つまり、ウィトゲンシュタイン本人と、かれが想定する（時に素朴な、時に批判するべき）相手とが、対話（論争やすれちがいを）していると考えられるのだ。

最初にウィトゲンシュタインが、われわれの常識を逆なでするような問（「わたしの感覚は、どの程度まで私的なのか」）を提示する。それに対して、よく理解できないまま相手は、ごくあたり前の答を思わずもらしてしまう。ところが、その常識的な考えのなかにウィトゲンシュタインがすっと入りこみ、内側からその内実を崩していく。自分の考えは、すでにばらばらに崩れたはずなのに、それに相手は気づかず、ウィトゲンシュタインに表面的に同意して余計なことをいう（「その通り、ただそうはいっても、わたし自身がわかっているほど確実にではない」）。その失言をしっかりとらえて最後にウィトゲンシュタインがとどめを刺す、という展開だ。

このような展開は、『哲学探究』の多くの場所で見られる、いわばウィトゲンシュタインの「十八番（おはこ）」である。相手のいい分にのり、それをずらし、自分の見解へとみちびいていく。相手の誤解を利用して、自分の正解へと一歩ずつ移動していくのだ。

つぎの段落は、やや難解だ。

> 「他人がわたしの感覚を学ぶのは、わたしの振舞をとおしてだけだ」ということはできない。――わたしにかんして、「わたしは痛みを学んだ」とはいえないからだ。わたしは痛みをもっているだけなのである。（246）

冒頭の一文の三通りの解釈を示してみたい。

まず、最初の解釈。今までいわれてきたことは、こういうことだった。わたしが痛みの振舞をすると、それを見て他人は、たいていわたしの痛みを知る（わかる）。しかし、それは、「痛みという感覚を学ぶ」（lernen）わけではない。たんにわたしの振舞を外側から観察して、「わたしが痛いんだな」と他人がわかる（知る）だけだ、ということだった。もし、そういうことであれば、わたしの感覚そのものには、他人はけっして触れてはいない。対象として手に入れていないのだから、その学習（lernen）など、そもそもできないはずだ。この解釈においては、ウィトゲンシュタインが批判しているのは、「感覚を学ぶ」といういい方だ、ということになるだろう。

それでは、つぎの解釈。もし痛みを一度も経験したことのない人間であれば、わたしの痛みの振舞を見たとしても、それが何を意味するかわからない。そのような人は、わたしの振舞だけでは、感覚を学ぶことは不可能だろう。そもそも感覚そのものに想いいたらないのだから。感覚を学ぶためには、やはりどうしても、観察している当人も自分自身の感覚を感じることができる（できた）のでなければならない。この解釈においてウィトゲンシュタインが批判しているのは、「振舞をとおしてだけだ」の「だけ」（nur）ということになるだろう。

そして最後の解釈はこうだ。第246節の最初の段落をまとめれば、他人はわたしの感覚を振舞によって知るとウィトゲンシュタインがいったのに対して、それに異論をもつ相手が、そんなことはない、わたしの感覚には他人はけっして到達しない、と反発したということになるだろう。ようするにこの段落におけるウィトゲンシュタインの結論は、「感覚は、その人の振舞によって知ることができる」ということになる。

その見解に納得のいかない相手が、「『他人がわたしの感覚を学ぶのは、わたしの振舞をとおしてだけだ』ということはできない」と、さらに抗う。それに対してウィトゲンシュタインは、その抵抗を一見受けたように見せかけて、その理由を述べるかたちで話をずらす。「わたしにかんして、『わたしは痛みを学んだ』とはいえないからだ」ということによって、「わたしの感覚を学ぶ」などというい方は、そもそもおかしい、という。また「振舞をとおしてだけ」知ることができるのは、振舞のレベルにおけるやりとりであって、痛みが本当にあるのかどうか、という話ではない。「わたしは痛みをもっている」だけなのであって、それが振舞として表出されるかどうかは別だ。痛みそのものは、振舞のレベルで進行する言語ゲームには登場しない。したがって、「『他人がわたしの感覚を学ぶのは、わたしの振舞をとおしてだけだ』ということはできない」というのだ。これが第三の解釈である。このように表面的な理由を述べながら、その裏面で、ウィトゲンシュタインはちがった話を進行させていく。

つまり、もちろん「他人がわたしの感覚を学ぶのは、わたしの振舞をとおしてだけだ」というのは間違っているという意味でもあるが、同時に、われわれはそのような語の使い方はしない、という意味でもあるからだ。内容と形式にかんする二つの話が並行して進んでいくというわけだ。感覚は感じるものであって学ぶものではないし、他人の感覚にかんしては、他人の振舞をとおして「知る」ことしかできない。それが、「感覚」「痛みを感じる」「学ぶ」「知る」の文法なのである。あくまでもことばの使い方が問題なのであって、その語が実際の事態と対応しているかどうかは不問に付す。

また、この節はすべてが、「わたし」の立場から書かれている。このことは、ここで自他の非対称がかなり意識されていることを意味しているだろう。つまり感覚にかんしては、つねに〈わたし〉の位置からしか記述できない。どれほど推測しても、どれほど想像をたくましくしても、他人の感覚を〈わたし〉が感じることはできない。だとすれば、感覚について議論する場合には、徹底して〈わたし〉中心の記述をするべきだろう。〈わたし〉と他人とでは完全に非対称であり、〈わたし〉を中心に、いわばそのなかに他人が存在しているようなものだからだ。あるいは、〈わたし〉は存在せず、他人だけが周りをとりかこんでいるようなものだからだ。これが、自他の非対称という〈われ〉〈われ〉の根源的なあり方だろう。

最後の段落を見てみよう。

> 他人にかんして「わたしが痛みをもっているかどうか、その人は疑っている」ということには、たしかに意味がある。だがわたし自身にかんして「わたしが痛みをもっているかどうか、わたしは疑っている」ということには意味がない。以上のことは正しい。(246)

この段落は、ごくあたり前のことをいっているような印象を受ける。しかし、この二文の眼目は、ことばの使い方なのだ。わたしの痛みについて、他人が疑いの表明をするのは意味があるが、しかし、自分自身の痛みについて、自分で疑いの表明をするのは意味がない。これは、ことばの使い方についての註釈である。だから、以上のことを「正しい」(Das ist richtig) というのだ。ここで議論されているのは、ことばの使い方として意味があるかないかなのであって、そのことばが指している対象のことではない。

この節でとりあげられている語は、「知る・わかる」(wissen)、「痛みを感じる」(Schmerzen haben)、「学ぶ」(lernen)、「疑う」(im Zweifel sein) などだろう。これらの語について、われわれは、自分についても他人についても、あるいは、どのような文脈でも、同じように使えるとつい思ってしまう。だからこそわれわれは、「わたしは自分の痛みを知っている」などというし、「振舞を見て、他人の感覚を学ぶ」などともいってしまう。これらのいい方は、文法(ウィトゲンシュタインのいう意味での「深層文法」ではない)的には、間違っているわけではないし、とくに意味がおかしいとも思えない。しかし、これらの語の「文法」(「深層文法」)をつぶさに調べれば、これらの語の使い方はあきらかにおかしいのだ。それぞれの語をたんに形式的に組みあわせるわけにはいかないのである。

日常における語の使用は、学校で習う文法の変化表のように、動詞を個々の場合に機械的に適用するわけにはいかない。さまざまな使い方の制限や、深層文法における語と語との類似が、われわれの言語使用には潜在しているし、そのつどの文脈で、いろいろなつながりが発生しているからだ。先にも述べたように、〈痛みそのもの〉は対象化することはできない。そもそも、「痛みを学ぶ」などというい方は、ナンセンス（無意味）なのだ。わたしも他人も、〈痛みそのもの〉を学ぶなどということはできないのである。このように考えれば、他人の振舞によって、他人の痛みを「知る・わかる」というのは、〈痛みそのもの〉とは関係がない。〈痛みそのもの〉があるかどうかとはかかわりなく、「知る・わかる」のだ。それこそが「知る・わかる」の「文法」（使い方）なのである。わたし自身は「痛みをもっている」。このことはまぎれもない事実であり、たしかめるまでもない。つまり、「学ぶ」などという事態は、けっしてありえない。

それに対して、他人が、わたしの振舞について「知る・わかる」というのは、わたしのなかに〈痛みそのもの〉があるかどうかなどとは無関係に、そう判断しているのであって、それこそ、この場合の「知る・わかる」という語の使い方なのである。それは、事実的にどうこうといった問題ではなく、「知る・わかる」の「文法」なのだ。つまりわれわれは、そのような使い方をしているというだけのことなのである。

ここにでてくる「わたしは痛い」（日本語では、これは異様ないい方になるだろう。通常は、「痛い！」だけだ）というのは、ドイツ語原文では、「Ich habe Schmerzen」である。日本語の「痛い！」は、〈わたし＝痛さそのもの〉という事態にかなり近い表現の仕方であるのに対し、ドイツ語では、Ich（わたし）とhaben（もつ）とSchmerz（痛み）という三つの単語が必要だ。このことによって、事態は〈わたし＝痛さそのもの〉があるだけなのに、あたかも〈わたし〉が、〈痛み〉を〈もっている〉かのような印象を与えてしまう。これこそ、ウィトゲンシュタインのいう「文法による錯覚」（第110節）であって、事態をあきらかにとりちがえてしまう可能性が高い。

〈わたし〉と〈痛み〉とは分離してはいないのに、まるで別々のものであるかのように思ってしまうというわけだ。「知る・わかる」という動詞も、実際の対象の有無にはかかわりなく、使う時には、その対象が存在していなければならないかのように勘違いしてしまう。この動詞を、そういった場合に使う習慣が、われわれの言語に存在するだけなのに。

いつも感じるのだが、ウィトゲンシュタインが問題にしているこの領域は、どのような領域なのだろうか。いいかえれば、ウィトゲンシュタインのいう「深層文法」（第664節）とは、どのような場なのだろうか。

激しい痛みでのたうちまわっている時、〈わたし〉と〈痛み〉とは、融合して区別はつかないだろう。そのような事態をわれわれが経験しているからこそ、Ich habe Schmerzen（わたしは痛みをもつ）といういい方が「深層文法」の視点から見て、おかしなものにうつるのだ。あきらかに事態に対応していないと思ってしまうのである。しかし、これもおかしな話だ。〈わたし＝痛み〉なのであれば、それは独自の状態なのであり、それが〈わたし〉と〈痛み〉によって構成されているなどということは、わからないはずではないか。

Ich habe Schmerzen（わたしは痛みをもつ）といういい方は、ドイツ語を母語とする者であれば、幼い頃から始終耳にすることによって、いつでもそれにふさわしい場で口をついてでてくるようになるだろう。しかし、そのことと、Ich habe Schmerzen（わたしは痛みをもつ）と発言している当人の内的な状態とのかかわりは、かならずしも対応しているわけではない。内的状態がどのようなものであるかは、わたし自身にしかわからないものであるし、その「対応」を保証するものは、どこにもないからだ。Ich habe Schmerzen（わたしは痛みをもつ）といういい方を他人がそういう状況と近似的な状況で口にしていれば、誰もそのことは問題にしない。このような表面的な事態が進行しているだけではないのか。

わたし自身の経験のなかで、〈わたし＝痛み〉を経験し、それとIch habe Schmerzen（わたしは痛みをもつ）という表現との齟齬に気づく。だが、その齟齬に気づく基準は、どこにあるのか。〈わたし＝痛み〉という経験とIch habe Schmerzen（わたしは痛みをもつ）という表現とが比較される場所はどこなのか。そのような場所がもしあるとすれば、〈わたし＝痛み〉という経験が、ほんの少しでも言語的な領域へと翻訳されていなければならないだろう。そんなことが可能なのだろうか。

だからこそウィトゲンシュタインは、この〈言語と事実の融合する〉領域については語らず、あくまでも、具体的発話と振舞とによって展開されている言語ゲームの表層にとどまろうとするのだろう。その表層から事実的な領野へと唯一ベクトルが向かうのが、この「文法」という概念だといえるのではないか。この「文法」という概念は、フロイトに対してアンビバレンツな心情をいだいていたウィトゲンシュタインが提示した、いわば「語の無意識」のようなものだといえるかも知れない。

四、意図（第247節）

この節を読むと、前節では語の使用がポイントであったことがはっきりする。

「君にそういう意図があったかどうかは、君にしかわからない」。こんなふうにいって、「意図」という単語の意味を説明することができるかも知れない。つまり、そういうふうに「意図」という単語を私たちが使っているということだ。

〈そして「わかる」〈「知っている」wissen〉というのは、この場合不確かであると表現しても意味がないということである〉（247）

「意図」というものが、どのようなものなのかはわからない。そもそも存在するかどうかさえあやしい。しかし、われわれは「意図」という語を使って、日々言語ゲームをおこなっている。その際、「意図」の存在をいちいち確認するなどという面倒なことはしない。滞りなく言語ゲームが進行すればいいのだから。だから、「君にそういう意図があったかどうかは、君にしかわからない」

という文を、「意図」という単語がでてくる文例の一つとして示し、その意味を説明することもできるだろう。こういうふうに使うのが、「意図」という名詞だ、と。

この時、「意図」という語が、何を指しているのか、どのようなものなのかという話には一切ならないだろう。「てにをは」や、一般に助動詞や接続詞の使い方を説明するのと同じやり方だ。もちろんウィトゲンシュタインはここで、「意図」という名詞も、助詞、助動詞などと同じように、使い方が重要だといっているのである。

そして「わかる・知る」についても、「意図」と同じなのだ。いわゆる「表層文法」においては、「わかる・知る」という動詞は、他動詞であり目的語が必要だ。ところが「深層文法」においては、この文脈での「わかる」は、目的語をもたない。「〜をわかる」という使われ方はしていないのだ。つまり、何も対象をもっていない。たんに「不確かではない」ことを意味しているだけであり、積極的に「何かをわかる」といっているわけではない。

これが、この節でウィトゲンシュタインがいいたかったことだろう。あるいは、「不確かであると表現しても意味がない」というふうにいい方を重視すれば、つぎのようにも解釈できるだろうか。

ここでいわれているのは、「確か」と「不確か」という対立する概念の一方である「不確か」をもちだしても意味がないというわけだから、「確か⇕不確か」という対立すら成立しない、それ以前の〈確かさ〉を意味していると考えられる。つまり、「君にしかわからない」という時の「わかる」は、「わかる⇕わからない」といった対立が成立する以前のわかり方であり、いわば問答無用の〈確実さ〉ということになるだろう。

それはそうだろう。その人がある意図をもっているかどうかについて、誰かが判定することはできない。判定する基準は、絶対に存在しないからだ。その人の内面に他人として入りこんで、「意図」なるものを見つけだし、それが「意図」かどうかわかる基準によって判定しなければならないのだから。そんなことは、もちろん無理だ。こういう意味で、「君だけはわかっている」のである。

これも、通常の「わかる」とはちがう、特定の使用の場面での「わかる」の「文法」だということになるだろう。

五、赤ん坊の微笑と嘘（第249節、第250節）

今度はウィトゲンシュタインは、感覚と振舞の関係を、赤ん坊や犬の例で考えようとする。連続する二節を見てみよう。まずは、第249節から。

「赤ん坊の微笑は偽装ではない」と想定することは、ひょっとしたら早計なのだろうか。——どういう経験にもとづいて私たちはそんなふうに想定するのだろうか。（249）

第244節で、痛みの自然な表出という話がでていた。この「自然さ」とは、どのようなことなのか。第249節と第250節では、このことが別の角度から考察される。赤ん坊が笑う。とても自然な笑いだ。誰もがそう思うだろう。しかし、そのことをたしかめるすべは、あるのだろうか。

笑いたくはないのに大人たちがしきりに笑いかけてくるので、面倒ではあるが、しかたなく笑顔を見せていただけかも知れないではないか。それは、けっしてわからない。大人であれば、どんなに嫌な相手でも笑いかけることは可能だ。コンビニエンス・ストアやいろいろな場面で、見も知らない店員にこぼれんばかりの笑顔を向けられ、われわれはよくたじろぐ。かれらは、「本当に」笑っているわけではない。大人は自在に微笑を偽装できる。それなのに、なぜわれわれは、赤ん坊の笑顔にかんしては、疑いを一切いだかないのだろうか。

それは、自然な表出とは異なる偽りの表現ができるようになるのは、言語ゲームをある程度習得してからだ、ということをわれわれが知っているからだろう。しかも、嘘をつく言語ゲームは、かなりあとから身につける。だから、ウィトゲンシュタインは、つづけてこういう。

〈嘘をつくことも言語ゲームである。ほかのすべてのゲーム同様、学んでおくことが必要だ〉(249)

われわれは生まれてすぐ他人を疑ったりはしないし、偽りの表情もできない。何も考えず、自然な表出をつづけるだろう。そういう期間が何年もすぎていく。しかし同時に、周りの大人たちは、赤子にことばで語りかけ、そのつど適切な語の使用を経験させる。そうこうしているうちに、痛い時に泣き叫ぶだけだった子供は、「イタイ」という語を口にするようになるだろう。だが、それはあくまで叫び声の代わりであって、母語のなかのほかのさまざまな語とは、その時点ではさほど関係はない。

しかし、叫ぶ代わりに「イタイ」という語を一度発すると、日本語のなかでの「イタイ」という語のふくみが、痛さの表出の場に毎回くわわってくることになるだろう。それをくりかえすうちに、泣き声や叫びの代替物としての「イタイ」という語に対して、「だいじょうぶ?」や「どこが痛いの?」といったほかの語や文が、周りから発話されるようになる。そうすると、ただの表出にすぎなかった「イタイ」という語が、母語の言語体系のなかに位置づけられ、表出以上の役割も演じるようになっていく。つまり、本当の痛みから、「イタイ」という語が離れてしまうというわけだ。「イタイ」といえば、周りの人が注目してくれることを何度も体験した子供は、どこも痛くなくとも「イタイ」といってみるだろう。そこで、同じ結果(注目される)を手にする。こうして、嘘をつく言語ゲームを覚えていく。だが、このような習得は、言語共同体において多くの経験を積んでからでなければありえない。

われわれの言語ゲームには、このような「嘘をつく」というゲームもふくまれる。ふくまれるどころか、言語ゲームの本質的な特徴をなしているといえるかも知れない。なぜなら言語は独自の構造をもち、現実の世界とは異なるものを提示できる、つまりは、「嘘をつける」からだ。事実的世界と言語との関係を少し詳しく見てみよう。

われわれは、事実的世界で生きている。身体をともなない感覚や感情をもち、具体的な世界で日々暮らしていく。これは、たしかなことだろう。そして、私たちがいったん言語を習得すると、その事実の世界とは異なる世界をもつようになる。感覚や感情で彩られてはいない虚の世界、いわば「嘘の世界」をもつことになるのだ。この世界は、言語独自の論理に貫かれている。もちろんこの世界は、肉体をともなう具体的な領域と重なりあってはいるのだが、しかし、小説や戯曲などフィクション一般は、この言語独自の論理によってのみ構築されたものだといえるだろう。このような言語的な領野と事実との境界面が、この二つの節では問題になっているのである。

どのような言語であっても、それ独自の構造をもつ。これは、いわゆる「文法」といわれるものだ。ウィトゲンシュタインは、これを「表層文法」と呼ぶ。この文法においては、言語そのものの規則によって、その使い方は決まっている。しかし、このような形式的側面とはちがって、事実的世界との接触面とでもいうべき場所では、もう一つの「文法」が支配しているとウィトゲンシュタインはいう。それが「深層文法」だった。この文法においては、表層文法とはちがう関係性があり、具体的な使用場面を注意深く観察しなければ、その関係を見てとることはできない。

事実的世界における〈痛み〉に反応して呻く場合は、たんなる表出という行為だったのに、いつのまにか、その呻きの代わりに「イタイ」というようになる。最初は、たんなる呻きの代わりだったのに、「イタイ」という語を使うことにより、「かゆい」や「楽しい」「苦しい」などといったほかの語とのかかわりの場が成立し、ただの表出とは異なる語同士の関係が生じてしまう。

あるいは、ドイツ語の Ich habe Schmerzen（痛い、わたしは痛い）であれば、Ich（わたし）と

haben（もつ）とSchmerz（痛み）という三つの要素が、その一文にかかわっていることにより、Ichから始まるほかのさまざまな文や、habenすることのできるもろもろのもの、Schmerzと類似した感覚・感情群が、この文をわっととりかこむ。つまり、独自の言語場が、Ich habe Schmerzen（わたしは痛い）の周りに開かれるのだ。

そうなると、事実的世界からの表出という方向だけだったものが、今度は、言語的世界からの方向性も、事実と言語の接触面にあらわれることになる。このことにより、〈痛み〉の表出が二重化され、この接触面が、言語における関係性にいわば汚染されることになるだろう。こうして〈嘘〉が成立する条件がととのうというわけだ。

子供の微笑が事実的な反応のたんなる表出なのか、それとも偽装なのかという問は、この地点で発生するといえるだろう。つまり、微笑が自然なのかどうかというのは、われわれの個人史における言語の発生と密接にかかわっている。私たちが言語ゲームを習得するというのは、嘘があらわれる条件を手にするということであり、嘘をつく言語ゲームは、言語ゲーム一般を習得したあとで、「自然と」身につくゲームだといえるかも知れない。たしかに恒常的に嘘をつく（たとえば、プロの詐欺師になる）ためには、さらに意識的にそのようなゲームを習得しなければならないだろう。だが、一般的には、始源の言語ゲームに慣れるにしたがい嘘のゲームも身についていく。

だが他方で、事実的世界が厳然と存在し、それを基盤にわれわれは言語を習得し、さらに嘘をつくゲームができるようになるというのではなく、このような（嘘をつくことができる）言語ゲームを手に入れることによってしか事実の認識も可能ではない、ということなのではないのか。これは、ごくあたり前のことではあるけれども、この認識の順序というのは強調されてもいいだろう。というのも、事実の世界だけが存在するというのは、原理的に不可能だからだ。

かならず言語ゲームが先にあり、嘘をつくことができる条件がそろって初めて事実的世界も登場する。われわれが現実からの遊離ができるようにならなければ、現実なるものも存在しない。裏面から表現すれば、「事実的世界」などという概念は、言語ゲームがなければ何も意味しないのである。言語が成立しているからこそ、そこから逆照射するかたちで影のように成りたっているだけだ。鏡があるからこそ、実体もそこに映ることができるのである。

つぎの節では、われわれ人間とは異なる動物へと考察の対象は移っていく。引用してみよう。

なぜ犬は痛がっているふりをすることができないのか。正直すぎるからなのか。犬に痛がっているふりをすることを教えられないものか。特定の状況で、痛くないのに痛がっているような声で吠えることを、ひょっとしたら教えられるかも知れない。けれども本当に痛がっているふりをするには、それに必要な環境がまだ欠けている。（250）

赤ん坊は、いずれ嘘をつくゲームを習得するだろう。それは、われわれ自身が経験してきたことだ。自らの過去をふりかえれば、そのことは、あきらかだろう。では、人間とはまったく異なる、つまり、そのような可能性のない犬は偽装しないのだろうか。それが本節の問である。

上述の第二の解釈によれば、そもそも犬自身の事実的世界というものはない。当の対象を何とも名づけることさえできないわれわれにとって、犬の世界は、理解も想像もとうていできないものなのだ。こちら側から勝手に思い描いている(われわれの世界のあり方を犬の世界にまるごと投影している)だけで、何の根拠もない想像にすぎない。

犬は、われわれとはまったく異なる生(「生活形式」Lebensform)を、おそらく営んでいるのだから、手がかりさえないかも知れないのである。これが、ウィトゲンシュタインのいう「必要な環境」ということばの意味だろう。それぞれの生の形式には、それぞれに見合った基盤(「必要な環境」)がある。その基盤のなかで、おのおのの「言語ゲーム」(あるいは、「ゲーム」一般)は進行していく。だから、この「環境」が異なれば、何かを共有するための土台がまったく存在しないことになる。

われわれの言語においては、嘘をつくという可能性が、そのもっとも根幹の部分にくいこんでいた。しかし、犬の世界では、(原理的な意味で、おそらく)そのような可能性は存在しない。ということは、「正直」や「ふりをする」という概念自体どこにもないことになるだろう。つまり、犬の世界では「偽装」や「正直であること」は、ありえないのだから、真と偽の対立がもともとないということだ。

ということは、言語を習得することによって真偽の対立する世界にいる私たちには、犬の世界のことは何もわからないし、このような世界であるなどという断定はけっしてできない。そもそも「世界」というわれわれの概念ではとらえられないかも知れないではないか。このように考えれば、やはり第二の解釈の方が、正鵠を射ているといえるだろう。

『探究』第二部のxiでは、ウィトゲンシュタインは、つぎのようなことを唐突にいう。

> ライオンがしゃべれるとしても、私たちには、ライオンのいっていることが理解できないだろう。（xi）

ライオンは、実は、ライオン語をしゃべっているのかも知れない。しかし、ライオンがしゃべる言語にとっての「必要な環境」が、われわれには近づきえないもの（あるいは、まったく無縁のもの）であるとすれば、そのことばは、人には絶対に理解できない。極端ないい方をすれば、人間の言語とライオン語は、同じ「言語」というカテゴリーには属さないといえるだろう。

私たちとライオンとは「同じ」事実的世界を共有していて、それをもとに、それぞれの言語で語っているわけではない。人のことばとライオン語とは、同じ対象について描写したり記述したりしているわけではない。そういった共通の土俵や対象は存在しないのだ。言語が根源的に重要な部分としてできあがっている世界を、それぞれの生物がかたちづくっているのだから、(もし存在するとしても) それぞれの言語は世界ごとにちがう。

ことばが本質的にくいこんでいるそのような世界を、ウィトゲンシュタインは「生活形式」(「生のかたち」Lebensform) という。ライオンと人とは、そもそも「生のかたち」が異なるのであって、同じように「言語」(とくくることはできないかも知れないもの) を話したとしても、意思疎通などもってのほかなのだ。基盤としている背景が、根本的に異なっているのだから。

六、文法命題（第251節、第252節）

第251節では、「文法命題」という概念が登場する。さっそく冒頭部分を引用してみたい。

「わたしにはその反対のことが想像できない」とか、「これがこうでなかったら、どうなんだろう」とかいう時、それはどういうことを意味しているのか。――たとえば誰かが、「わたしの想像は、私的なものだ」とか、「わたしが痛みを感じていることは、わたしにしかわからない」などといった場合のことだが。

「わたしにはその反対のことが想像できない」というのは、ここではもちろん、わたしの想像力が不足している、ということではない。そういうことによって私たちは、形式的には経験命題のふりをしているけれど実際は文法命題であるものに抵抗しているのだ。（251）

「文法命題」とは、「その反対のことが想像できない」命題のことである。たとえば、「わたしの想像は、私的なものだ」「わたしの痛みは、わたしにしかわからない」、あるいは、すぐつぎにでてくる「どんな棒にも長さがある」などだ。

われわれの世界においては、これらの命題でいわれていることは、いうまでもないことであり、誰もが、そのことを当然のこととして前提している。「私的ではない想像」などありえないし、本人の痛みは、その本人にしかわからない。長さのない棒などどこをさがしても存在しない。これらのことは、調べたり経験したりしてたしかめることではなく、最初から「文法的」に決まっている。ウィトゲンシュタインのいう意味での「文法」の領域で、これ以外の可能性はない。

それに対して「経験命題」とは、たとえば「わたしは今おなかが痛い」や「わたしは、将来のことを想像するのが好きだ」あるいは、「この棒は、30㎝だ」といったものだろう。その発言をした人にたしかめたり、具体的に計測して確認できる命題だ。経験によって、その命題が正しいのか、あるいは、その逆が正しいのか、たしかめることが可能なのである。

それとはちがって「文法命題」は、「語の文法」によって、そういういい方しかしない命題だ。そういういい方しかできないわけではない。「あらゆる棒には長さがない」といえないことはないからだ。ただ、「あらゆる棒には長さがない」という文は、日常の用法から離れた、詩などの場合にしか登場しない。だからこそ、（普段の、この語の使い方では）「そういういい方しかしない」といったのである。

ウィトゲンシュタインのいう「文法」とは、どのようなものだったのか。ここでいわれているのは、むろん「深層文法」だ。「深層文法」とは、事実の領域と言語の領域との融合地帯をさす。それぞれの語の、われわれの世界での使われ方である。ここで挙げられる例でいえば、「想像」という語の文法と「私的」という語の文法とは密接にかかわっていて、「私的」ではない「想像」は、「文法」違反ということになるだろう。

あるいは、「自分の痛み」と「わたし」(「私的」)もまた、かたく結びついていて、「自分の痛み」はどんなことがあっても「わたし」のものなのである。それ以外の可能性は、「文法」的にありえない。ごくあたり前のことだけれども、「自分の痛み」を「わたし」以外の人が感じることはない。「棒」と「長さ」も同じことである。「長さ」のない「棒」は、われわれの言語と事実の接触面においては(「深層文法」的には)、原理的に存在しえない。一言でいえば、「そういういい方はしない」のだ。

だから、ウィトゲンシュタインは、さらにつぎのようにいう。

たとえば、「どんな棒にも長さがある」。これはつまり、何かを(または、これを)「棒の長さ」とはいうけれども、――どんなものであろうと「ボールの長さ」とはいわない、ということだ。ではわたしは、「どんな棒にも長さがある」ということを想像できるだろうか。いや、わたしが想像するのは一本の棒だけだ。それでおしまい。ただしこの文に結びつくイメージ

（Bild）は、「この机は、あそこの机と同じ長さだ」という文に結びつくイメージとは、まったく別の役割を果たしている。何しろうしろの文でなら、反対のイメージをもつこと（そのイメージを頭に描く必要はないけれど）が、どういうものなのか理解できるからだ。

ところが文法命題にくっついたイメージの方は、「棒の長さ」と呼ばれるものしか示すことができなかった。その反対のイメージとは、どういうものだろうか。（251）

「文法命題」について、何点か考えてみよう。まず、「その反対のことが想像できない」ということについて。「自分の痛み」を、「わたし」以外のものが感じるということはない、あるいは、長さのない棒を想像することはできない、ということは、どのようなことを意味しているのだろうか。たしかに、「長さのない棒」や「他人の痛みを感じている自分」を想像することはできない。しかし、このことは、ウィトゲンシュタインもいうように、「わたしの想像力が不足している」からではない。「長さ」という語と「棒」という語が、不可分だからなのだ。これは、われわれの側（想像力や概念の操作）の問題ではなく、言語側の都合なのである。

さらに、先にも述べた「文法」という側面について考えてみよう。言語側の都合で、想像可能かどうかという問題とは別に、想像可能ではあるけれども、そういういい方はしないという側面もある。直前の引用でいわれている「ボールの長さ」の例を考えればわかるだろう。

われわれは、「棒の長さ」とはいうけれども、「ボールの長さ」とはいわない。ボールには長さがあるにもかかわらず、そうはいわないのだ。しかも、ボールの長さは、じゅうぶん想像可能でもある。われわれは、ボールにかんしては、「直径」や「円周」とはいうが、「長さ」とはいわない。これは、完全に言語側の都合だけで「そういわない」だけのことだ。

あるいは、ウィトゲンシュタインがだしているつぎの例についても、「語の文法」における異なる側面が指摘できるだろう。「この机は、あそこの机と同じ長さだ」という時の「長さ」という語の使い方と、「棒の長さ」という時の「長さ」という語の使い方のちがいだ。前者の場合には、具体的な長さを前提にして比較している。ところが、後者は、「棒」という概念にまるごとふくまれる属性を指す。この二つの語は、はっきりと異なっているのだ。たまたま同じ語を使っているにすぎない。

たしかに、「重さ」という語と「長さ」という語とのちがいに比べれば、この二つの「長さ」(具体的な「長さ」と属性としての「長さ」)は近いだろう。だが、「棒には重さがある」という時の「重さ」と、「棒には長さがある」という時の「長さ」とは、「棒」という語と切り離せないという意味では、同じ「文法」的領域にあるといっていい。そして、この領域には、具体的な用法の「長さ」や「重さ」は、けっして入ってこない。そういう意味では、二つの「長さ」の「文法」は、あきらかに異なるのだ。

最後につぎのような点も指摘できるかも知れない。この点が、もっとも私的言語論にかかわっている。属性としての「長さ」という語は、「棒」という語に必然的にふくまれている。ところが、そのような意味での「長さ」と、具体的な「長さ」という語は、同じ「長さ」という文字面や音であるために区別がつかない。そうなると、しばしばこの二つの「長さ」は混同される。だから、ウィトゲンシュタインのいう「形式的には経験命題のふりをしているけれど実際は文法命題であるもの」が存在することになるのだ。

「痛み」という語を例に考えてみよう。「痛み」という語には、「わたし」が「文法」的にふくまれている。「痛み」とは、そもそも「わたし」が感じるものだ。われわれが使っている言語においては、「痛み」という語は、かならず「わたし」という語と不可分であって、「わたし」が感じる以外の「痛み」は、本当は（文法的に）存在しない。

たしかに、「他人の痛み」といういい方はするだろう。しかし、その時の「痛み」は、「わたしの痛み」とは根源的に異なっている。「わたしの痛み」は、「痛み」という語にふさわしいけれども、「他人の痛み」は、振舞や表情にすぎない。

つまり、「わたしの痛み」という語と「他人の痛み」という語は、「文法上」はっきり異なる領域に属しているのだ。ところが、同じ「痛み」という語を使っているために、しばしば混同がおこってしまう。文法命題なのに、経験命題のようにあつかってしまうというわけだ。「わたしの痛み」

を、「他人の痛み」と同じように、わたしが観察したり、「わたしの痛み」を「知っている」などといってしまうのである。

言語ゲームにおいて、「文法命題」と同じような役割を演じる「蝶番（ちょうつがい）命題」（あるいは、「世界像命題」ともいう）について論じられる『確実性について』のなかで、ウィトゲンシュタインは、つぎのようにいっていた。

> 「わたしは…を知っている」が文法命題とみなされれば、「わたし」にはもとより何の重要性もありえない。この命題はもともと「この場合疑いの余地はない」とか、「〈わたしは知らない〉という表現はここでは意味をなさない」という意味だ。したがって当然「わたしは知っている」にもまったく意味がない。（『確実性について』第58節、『ウィトゲンシュタイン全集9』所収、黒田亘訳）

ここでいわれているのは、「わたしは…を知っている」といってみても、この場合は「わたしは知らない」という可能性が原理的に排除されているのだから、何もいっていないに等しいということだ。「わたしは、自分が痛いのを知っている」という命題が文法命題だとすれば、「わたし」と「痛い」というのは原理的に切り離せないのだから、「知っている」といういい方は、あきらかにおかしいのである。

そもそも「知る／知らない」という二つの可能性がなければ、「知っている」といういい方はまったく無意味だ。ここでいっている「わたしが知っている」内容（「自分の痛み」）は、「わたしが知っている」という語句をつけるまでもなく誰にとっても自明なもの、つまり「文法命題」の領域にあるものなのである。この内容を「知っていたり」、「疑ったり」は、そもそもできない。

ウィトゲンシュタインが錯誤として多く指摘したのが、この「形式的には経験命題のふりをしているけれど実際は文法命題であるもの」だった。つぎの節で、文法命題の本質がわかりやすく指摘される。

「この物体は延長している」という命題に対して、われわれは「ナンセンス！」と答えることができるだろう。――しかし、「もちろん！」とも答えたくなる。――なぜだろう。（252）

この「この物体は延長している」という命題は、まさに「形式的には経験命題のふりをしているけれど実際は文法命題であるもの」である。「物体」という語と「延長」という語は、「文法的」に引き離すことはできない。「物体」という語の必然的属性として「延長」がふくまれているのだから。ところが、あたかも「物体」が延長していない場合（可能性）があるかのように、改めて「この物体は延長している」といってしまうと、この命題が、まるで「経験命題」のように見えてしまう。

したがって、「経験命題」として見れば、この文は、「ナンセンス」（まったく何も意味していない）ということになるだろう。そんなことをたしかめる術はないのだから。しかし、物体が延長していることは、いうまでもなく正しい。だから、この文は、「もちろん」といいたくなるのである。いわば、原理的にごくあたり前のこと（その反対は想像できないこと）だから、あたり前すぎて（だから「もちろん」という）この上なく無意味な（だから「ナンセンス」という）命題になっているといえるのだ。

七、名前を創出する天才児（第257節）

最後に「私的言語論」の中心部分を見て本書を締めくくりたい。まず第257節は、痛みをあらわさない人たちの例だ。引用してみよう。

自分の痛みをあらわすことをしない（呻かない、顔をしかめない、など）人たちがいるとしたら、どうだろう。子供には「歯痛」という単語の使い方を教えることができないだろう。（257）

私的言語論では、「痛み」がしばしば例にだされる。ウィトゲンシュタインは、なぜ「痛み」に着目するのだろうか。それは、「痛み」が、内的な状態と外的な領域との橋渡しをするものだからだ。この役割は、ある意味で、ことばの役割とひじょうによく似ている。

痛みがわれわれの「内側」で生じることは疑えない。だが、それは、あくまでも「内側」でおこる。したがって、痛くもないのに、痛い振りをすることもできるだろう。ところが、痛みは、ほかのさまざまな内的経験とははっきり異なり、自然な表出をともなう場合が多い。われわれは、実際に痛み（とくに激しい痛み）を感じた時、「痛い！」と思わずうなったり、表情や仕種でそれをついあらわしてしまう。このことにより痛みは、内的なものを自然に外側に表現するといえるだろう。それと同時に、他人とわたしとが同じ振舞をすることも示唆してくれる。

つまり、人の内的な状態と外的な領域との橋渡しであると同時に、〈わたし〉と他人との橋渡しでもあるのだ。この橋渡しの役目が、言語と似ているといったのである。だが、たしかに役割としては、よく似ているけれども、ことばの場合は、「痛み」のような自然な表出はともなわない。「内側」で考えたことを外側にだすのは同じであるが、言語の場合は、その表出は自然とはとてもいえないだろう。思ったことを思わず口にだすこともあるけれども、通常は、思考と発話のあいだに、激しい痛みの場合のような「自然さ」はない。

このように似ていはいるけど、はっきり異なってもいるからこそ、「私的言語」の議論をする際に、「痛み」の例が選ばれたのだろう。そしてこの節では、この「自然さ」が封印される。この「自然さ」によって、われわれの共同体では、痛みが痛みとして成立していたはずなのに、それがなくなるのである。ここで想定されているのは、自分の痛みをあらわさない人たちだからだ。そうなると、この節での「痛み」は、われわれの私的経験そのものとまったく変わらないものとなってしまう。表出のないただの内的経験だ。その時、「痛み」は、どうなるのか。

――さて、その子供が天才で、自分でその感覚の名前をつくりだすとしよう。――だが、もちろんその単語では自分自身を他人に理解させることはできないだろう。――つまり、その子供は名前を理解してはいるのだが、その意味を誰にも説明できないのではないだろうか。――しかし、それなら、かれが「自分の痛みに名前をつけた」というのは、どういうことなのか。――どのようにして痛みに名前をつけるなどということをしたのか。かれが何をしたにせよ、それにどんな目的があるのか。(257)

一人の天才がいて、あらたな感覚の名前を創出する。感覚は、かれに独自のものだからだ。その独自のものに彼自身が、それに見合った名前をつけるというわけだ。このことには、何の問題もないだろう。しかし、そうしたところで、この名前は、名前としての機能をけっして果たさない。この天才が、その感覚にどれほどふさわしい名前をつけたとしても、その感覚をほかの人びとが共有できない(できていると思わない)のであれば、その名前は、何の働きもないからだ。ある内的な感覚を感じているとしても、それに名前をつけただけでは、その感覚は、誰にもわからないのである。しかも、痛みの表出は、この天才が生きる共同体では存在しない。このような条件では、この名づけの天才は、けっして世に受け入れられることはないだろう。

これはどういうことを意味しているのだろうか。われわれは、感覚をそれぞれ内的なものとして経験している。他人がどのような感覚をもっているかは、けっしてわからない。原理的に一生、他人の感覚を、われわれは絶対に知らないのだ。われわれは、ただただ自分自身の感覚を感じているにすぎない。ではなぜ、われわれは（このいい方も、実は根本的におかしいのだが）、ほかの人と同じような感覚をもっていると思うのだろうか。それは、同じ語（感覚の名前）を使っているからだろう。

たとえば「かゆい」という形容詞があるからこそ、それに見合った何かがあると思っているというわけだ。もろもろの状況や、多くの人の証言から、ほかの人たちが使っている「かゆい」は、この感覚にちがいないと推定して、自分も使っているにすぎない。小さい頃からさまざまな経験をして、それ以外に考えられないからだ。他人の感覚をたしかめたわけでもないし、そもそも、たしかめる術など可能性のかけらさえもない。

感覚の名前とは、いずれもこのように漠然とした使われ方をしているのである。「漠然とした」というのは、感覚そのものと感覚の名前とが一致しているかどうかけっして確認がとれないということであり、もし万が一確認がとれたとしても、それを他人も共有しているかどうかは絶対にわからないということだ。だから、結局何もかも推測から成りたっているということ、などである。感覚というのは、自分自身の〈それ〉と、他人のものとでは、絶対的に非対称的なあり方をしているのだ。このことは、何度も確認した。
ようするに、感覚の名前は、特定の言語のなかの単語としてすでに存在していなければならない。そしてその言語は、決まった共同体のなかで具体的に使われていたのでなければならない。そのような歴史がなければ、名前は存在していないだろう。そして、なぜだかわからないけれども、その言語においては、同じ名前で「同じ」感覚が呼ばれているのだ。
だから、ウィトゲンシュタインは、つづけてつぎのようにいう。

「かれがその感覚に名前をつけた」という時、そういった人は、名前をつけただけで意味が生じるためには、その言語のなかにすでに多くの事柄が準備されていなくてはならない、ということを忘れている。そして、誰かが痛みに名前をつけたということを、われわれが語る時、その「痛み」という語の文法こそ、ここですでに準備されていたものなのだ。この文法は、その新しい単語が配置される場所を示している。(257)

感覚に名前をつけるためには、まず「感覚」という語がなければならないだろう。さらに、当然のことながら、その「感覚」という語の使われ方も決まっていなければならない。「感覚がある」や「そういう感覚はわかる」といったさまざまな「感覚」という語にまつわるいい方が、「感覚」

という語の文法を形成していなければならない。われわれの意識生活を無意識の大海がつつんでいるように、「感覚」という語の具体的な言語使用が、「感覚」の「文法」領域につつまれていなければならない。

同様に、「痛み」にあらたな名前をつけるためには、「痛み」という語の文法がすでに存在し、たとえば、「痛い！」といういい方であるとか、「あなたの痛みがわかります」といういい方などが集積した地域が形成されていなければならない。それはもちろん、「感覚」の文法と包摂関係にあるだろうし、「わたし」という語の文法とも密接に関係してくるだろう。このような「痛み」の文法が蓄積され、それをもとにして「痛み」という語が実際に何度も使用されつづいているからこそ、あらたな「痛み」の名前が登場することができるのだ。つまり、その名前の「場所」がすでに用意されているのである。

八、感覚日記（第258節）

自分だけの感覚について日記をつける。この節は、つぎのように幕が開く。

つぎのような場合を想像してみよう。ある種の感覚がくりかえし起こるので、それについて日記をつけようと思う。そのためわたしは、その感覚を「E」という記号に結びつけ、自分がその感覚を感じた日には、かならずこの記号をカレンダーに書きこむ。（258）

「E」という記号は、ドイツ語のEmpfindung（感覚）の最初の文字だ。だから、この記号は、この時点ですでに、「感覚」ということを暗に意味しているともいえるだろう。「E」は、何を指しているかさっぱりわからない記号などではない。

さて、この想定に対して、まずウィトゲンシュタイン自身がコメントする。

――わたしがまずいいたいのは、この記号の定義を述べることはできない、ということ

だ。(258)

それに対して、(ウィトゲンシュタインが想定した)相手は、定義を与えることができるとあくまで主張する。

――けれども自分自身に対してなら、一種の直示的定義として定義できる!(258)

ウィトゲンシュタインは、そう強く主張する相手に質問する。

――どうやって? どうやって、その感覚を示すことができるんだ?(258)

相手は、自分でいいだした「直示的定義」を何とか説明しようとする。

――ふつうの意味ではできない。でも、口にだしたり、記号を書いたりしながら、その感覚に注意を集中させる、――つまり、心のなかで、その感覚を指し示すんだ。(258)

相手は、「心のなかで指し示す」という最後のカードを切ったつもりだ。それ以上の説明は不要だといわんばかりである。ところが、それに対してウィトゲンシュタインは、とどめを刺す。

——でも、何のためにそんな儀式をするんだ？　だって、そんなものは、儀式にしか見えないよ！　そもそも定義というのは、記号の意味をはっきり決めるものなんだから。（258）

もし、定義というのであれば、記号（「E」）の意味を確定しなければならないではないか。相手がいうような、そんな私的な定義では、何も決まってはいない。その人にしかわからないのだから、無意味な儀式にすぎないというわけだ。それに対して相手は、

——いやこの場合は、注意を集中することによって、意味がはっきり決まるんだよ。だってこの集中によって、記号と感覚の結合を心に刻みつけるんだから。（258）

ということによって、「心のなかで指し示す」という最後の砦を、相手はさらに詳細に説明していく。「心のなかで指し示す」というのは、「注意の集中」によって、「記号と感覚の結合を心に刻みつける」ことだというわけだ。このことが、言語ゲームの遂行にとって、何ら意味のない儀式であ

ることを理解しないまま相手は説明する。

それに対してウィトゲンシュタインは、噛んでふくめるように長めの結論を示す。

――「心に刻みつける」というのは、このような経過をたどれば、わたしが将来その結合を正しく思いだす、ということぐらいは、たしかに意味するかも知れない。しかし、この場合、わたしには、その正しさの基準などないのである。そこで、「わたしにとって、いつも正しいと思われるものが正しいのだ」といいたくなるかも知れない。ところが、そういってしまうと、ここでは「正しい」ということについては語れない、ということにすぎなくなる。(258)

相手が、「心に刻みつける」といういい方をしたのに対して、その意味をウィトゲンシュタイン側から説明する。「正しく思いだす」ために必要なものだというわけだ。はっきりと心中に刻みつけておかなければ、つぎに同じ感覚が起きた場合にわからなくなるのだから。しかし、そんな作業も、自分一人の心のなかでおこなったのでは、その「正しさ」は保証できない。本当に正しく思いだしているかどうか、誰にも確認できないのだから。それは、本人にもできない。「正しさ」を固定する定点は、私的な領域にはどこにも存在しない。

われわれは、ほかの人も同じ感覚を共有していると通常思っているが、このような考察からわかるのは、他人の感覚を誰も確認できないし、純粋に私的なものは言語ゲームには登場しないということだ。しかも、自分自身においてさえ、自らの感覚が過去のものと同じであるかどうかたしかめるすべはないのだから、他人の感覚などまったく手がかりさえない。

つまり、私的なものがそれぞれ異なっていたとしても、それどころか、私的な感覚を実は誰一人もっていなかったとしても、われわれの普段のことばのやりとりには何の影響も与えない。痛みについての語彙、感覚についてのいいまわしや単語をほかの人たちを同じように使いこなすことができさえすれば、痛みや感覚をもっているのと何らちがいは認められない。これが、われわれの言語ゲームの実態だ。

言語が、あるいは、語の「文法」が先行しているのであって、その語が指示している（と思われている）対象の存在などは本質的ではない。当の対象が〈私的なまま〉で言語ゲームに登場することはけっしてないのである。対象は、あくまで語として、文法の網の目のなかで、それなりの関係群を背景にあらわれる。だから、語とその対象との一致などという「正しさ」は、どこにもない。もし「正しさ」が存在するのであれば、同じ語を複数の人が使っているという点にしかない。それ以外には、どこにも正しさの基準などないし、したがって「正しさ」も存在してない。

このように考えれば、言語は、内的な（私的）なものと外的（公共的）なものの橋渡しではないだろう。内的（私的）なものとは、およそかかわりのない表層的な関係にすぎなくなる。たしかに、われわれは感覚をもち痛みを感じているから、共通の感覚世界を基盤にして語や文のやりとりをしているのかも知れない。しかし、このことは、ただの仮説であって、そのことを検証するすべはどこにもない。あくまでわれわれ（厳密には、わたし）にわかるのは、他人の発する語や文だけであり、印刷された同じ語や文だけなのだ。つまり、物質的に同じ「ことば」にすぎない。

そして、その「ことば」は、それぞれが「深層文法」をもち、ほかの語との複雑な関係のなかで使用されることによって「生きている」。このような言語の、ある意味で自律した世界と「正しい」かかわりをもつことが、一つの言語共同体のなかで生活するということであり、「生の形式」Lebensform を身につけるということなのだ。われわれのことばにかかわる「生」とは、これ以上でもこれ以下でもない。

そこでは、「私的」なものなど、どこにもあらわれはしない。言語は、徹頭徹尾表層的なものなのだ。しかし同時に、言語それ自身は深層を形成している。「文法」という独自の領域がはりめぐらされているのだ。

言語ゲームは、このようにして進行していく。

あとがき

最初は、『哲学探究』第一部だけでも、すべてあつかうつもりだったが、それがとんでもない企てであることにすぐに気づいた。途中「規則に従う」というテーマの部分をとばして、「私的言語論」に移ったのは、この話題が、わたし自身もっとも興味があるからである。それ以外の意味はない。唐突に終わるのも、とくに意味はない。一生つづけるわけにはいかないからだ。

ドイツ語原書（ズールカンプの新書版）のページ数で、ざっと計算すると、本書であつかった節は、『探究』全体の六・二％であり、第一部に限っても八・五％にすぎない。もし、このペースで『哲学探究』全体を論じると、この本と同じ厚さのものが、あと十冊から十五冊必要になることになる。『探究』がどれほど凝縮された緊密な著作であるか（あるいは、わたしの説明がいかに散漫か）、恐ろしいほどだ。

本書を「入門」といっていいかどうかは、疑問である。ただ、「あらすじで読む名作」的なものにはなっていないことだけはたしかだと思う。ウィトゲンシュタインをじかに体験するためのささやかなお手伝いにはなっているつもりだ。

ベイカーとハッカーの註釈本も、わたしにはそれほど役にたたなかった。とにかく、この哲学者に対しては、自分の頭でうんうん考え素手でとことん対峙するしかない。「脳に汗をかく」しかない。本書は、そのための一つの手がかりくらいにはなっていると思う。

教育評論社の小山香里さんには、とてもお世話になった。こまやかな心づかいをしていただき、適度な刺激も与えていただいた。小山さんのおかげで、いつの間にか本書はできあがっていた、いや本当に。たいへん感謝している。

二〇一四年四月

中村昇

【主要参考文献】

Malcolm,Norman: *Ludwig Wittgenstein A Memoir.*Oxford University Press,1958

『ウィトゲンシュタイン　天才哲学者の思い出』（板坂元訳、平凡社ライブラリー、一九九八年）

Wittgenstein,Ludwig:*Werkausgabe in 8 Bänden.*Suhrkamp Taschenbuch Wissenschaft,1984

:*The Blue and Brown Books.*Oxford:Basil Blackwell,1969

『ウィトゲンシュタイン全集』（山本信・大森荘蔵編集、大修館書店、一九七五年〜一九八八年）

『反哲学的断章――文化と価値』（丘沢静也訳、青土社、一九九九年）

『哲学の歴史11　論理・数学・言語　20世紀Ⅱ』（責任編集　飯田隆、中央公論新社、二〇〇七年）

【関連する拙著】

『いかにしてわたしは哲学にのめりこんだのか』（春秋社、二〇〇三年）
（この本所収の「手品師ウィトゲンシュタインは、かぶと虫の箱に魂をいれたのか」と「〈超私性〉について」は、本書であつかわなかった、私的言語論のいくつかの節について詳しく言及している）
『小林秀雄とウィトゲンシュタイン』（春風社、二〇〇七年）
『ウィトゲンシュタイン　ネクタイをしない哲学者』（白水社、二〇〇九年）

〈著者略歴〉

中村 昇（なかむら　のぼる）

1958年、長崎県生まれ。中央大学文学部教授。中央大学大学院文学研究科博士課程修了。哲学専攻。

主な著書に『いかにしてわたしは哲学にのめりこんだのか』（春秋社）、『小林秀雄とウィトゲンシュタイン』（春風社）、『ホワイトヘッドの哲学』（講談社選書メチエ）、『ウィトゲンシュタイン――ネクタイをしない哲学者』（白水社）、『ベルクソン＝時間と空間の哲学』（講談社選書メチエ）など。

ウィトゲンシュタイン『哲学探究』入門

二〇一四年五月六日　初版第一刷発行
二〇二二年十月七日　初版第四刷発行

著　者　中村　昇
発行者　阿部黄瀬
発行所　株式会社　教育評論社
〒一〇三－〇〇二七
東京都中央区日本橋三－九－一
日本橋三丁目スクエア
TEL〇三－三二四一－三四八五
FAX〇三－三二四一－三四八六
https://www.kyohyo.co.jp

印刷製本　萩原印刷株式会社

ISBN 978-4-905706-84-7